a lacuna da diversidade

bethaney b. wilkinson

a lacuna da diversidade

quando boas intenções geram verdadeiras mudanças culturais

Tradução
Karine Ribeiro

Rio de Janeiro, 2022

Copyright © 2021 por Bethaney Wilkinson.

Copyright da tradução © 2022 por Casa dos Livros Editora LTDA. Todos os direitos reservados.

Título original: *The Diversity Gap*

Todos os direitos desta publicação são reservados à Casa dos Livros Editora LTDA. Nenhuma parte desta obra pode ser apropriada e estocada em sistema de banco de dados ou processo similar, em qualquer forma ou meio, seja eletrônico, de fotocópia, gravação etc., sem a permissão do detentor do copyright.

Diretora editorial: *Raquel Cozer*
Gerente editorial: *Alice Mello*
Editora: *Lara Berruezo*
Editoras assistentes: *Anna Clara Gonçalves e Camila Carneiro*
Assistência editorial: *Yasmin Montebello*
Copidesque: *Pérola Gonçalves*
Revisão: *Lorrane Fortunato e Vanessa Sawada*
Design de capa: *Micah Kandros Design*
Imagem de capa: *Shutterstock / Angelina Bambina*
Adaptação de capa: *Guilherme Peres*
Design: *2021 HarperCollins Leadership*
Projeto gráfico e diagramação: *Guilherme Peres*

Dados Internacionais de Catalogação na Publicação (CIP)
(Câmara Brasileira do Livro, SP, Brasil)

Wilkinson, Bethaney B.
    A lacuna da diversidade / Bethaney B. Wilkinson ; [tradução Karine Ribeiro]. – Rio de Janeiro : HarperCollins Brasil, 2022.

    Título original: The diversity gap
    ISBN 978-65-5511-406-5

    1. Diversidade no ambiente de trabalho 2. Liderança I. Título.

22-123709   CDD-658.3008

Índices para catálogo sistemático:
1. Diversidade no ambiente de trabalho : Administração 658.3008

Cibele Maria Dias - Bibliotecária - CRB-8/9427

Os pontos de vista desta obra são de responsabilidade de seu autor, não refletindo necessariamente a posição da HarperCollins Brasil, da HarperCollins Publishers ou de sua equipe editorial.

HarperCollins Brasil é uma marca licenciada à Casa dos Livros Editora LTDA.

Todos os direitos reservados à Casa dos Livros Editora LTDA.
Rua da Quitanda, 86, sala 218 – Centro
Rio de Janeiro, RJ – CEP 20091-005
Tel.: (21) 3175-1030
www.harpercollins.com.br

Para Bishop e Janet,
cujo fiel legado de impacto e amor continuará por gerações.

Sumário

Palavras que você precisa conhecer	11
Nota da autora	13
Introdução: **Você está criando o futuro**	15
Capítulo 1: **Racismo é o problema**	21
Capítulo 2: **Impacto acima de intenções**	49
Capítulo 3: **Motivação importa**	75
Capítulo 4: **Escolha seu formato**	93
Capítulo 5: **Abrace a mudança cultural**	111
Capítulo 6: **Diversifique sua vida**	139
Capítulo 7: **Lidere com coragem**	157
Capítulo 8: **Novos líderes, novos futuros**	173
Agradecimentos	189
Apêndice A: **Estrutura de diversidade para libertação**	191
Apêndice B: **Questões para refletir e discutir**	195
Apêndice C: **Experimentos e estratégias**	199
Notas	219

Quando uma flor não floresce, consertamos o ambiente no qual ela cresce, não a flor.

— Alexander Den Heijer

PALAVRAS QUE VOCÊ PRECISA CONHECER

DIVERSIDADE

Quando há múltiplas raças, etnias, nacionalidades e perspectivas culturais em uma equipe.

INCLUSÃO

A experiência de ser bem-vindo e sentir um pertencimento autêntico.

RECONCILIAÇÃO

O processo contínuo de restaurar relacionamentos verdadeiros, mútuos e dignos entre pessoas de diferentes perspectivas raciais, étnicas e culturais.

LIBERTAÇÃO

Liberdade de sistemas, histórias, hábitos, políticas e práticas opressivas.

CULTURA DO FUTURO

Um ambiente organizacional no qual pessoas de diferentes origens raciais, étnicas e culturais são ouvidas, vistas, inspiradas e apoiadas no trabalho.

Uma cultura organizacional na qual líderes interrompem sistemas de opressão de forma consistente e autêntica.

LACUNA DA DIVERSIDADE

A distância entre nossas boas intenções de criar organizações diversas e o verdadeiro impacto delas.

NOTA DA AUTORA

Uma das decisões mais significativas que tive que fazer ao escrever este livro foi escolher como identificar e rotular grupos raciais variados. O tópico é muito debatido. Como estou no momento:

Escolhi usar letra maiúscula ao nomear grupos raciais específicos, quando me referindo aos povos com que se identificam e os quais representam — Asiáticos, Negros, Brancos, Indígenas, e assim por diante.

Escolhi usar letra minúscula em "branco" e "negro" ao me referir a instituições, realidades sistêmicas (por exemplo, supremacia branca, privilégio branco, racismo antinegro) e grupos sociais opressores (por exemplo, nacionalistas brancos).

Também escolhi usar letra minúscula para grupos raciais mais amplos, que incluem pessoas, perspectivas e experiências variadas e diversas (por exemplo, multirraciais, birraciais e pessoas não brancas).

Quando citando ou me referindo a indivíduos específicos e suas ideias, eu os identifico da mesma forma como eles se autodenominam. Uso ou não letra maiúscula nesses identificadores de acordo com a preferência dessas pessoas.

Cada uma dessas escolhas reflete um nível de generalização. Via de regra, valorizo a especificidade, mas as generalizações tornam essa conversa mais acessível dentro de um livro. Talvez um dia possamos nos sentar juntos e ter uma conversa aprofundada. Até lá, espero que essas categorias e decisões estilísticas sejam suficientes.

Introdução

VOCÊ ESTÁ CRIANDO
O FUTURO

Estou escrevendo este livro porque, em apenas oito anos trabalhando em instituições de maioria branca, direcionadas por valores brancos, passei por um nível de desgosto organizacional que não sabia ser possível. Esse desgosto trouxe todos os desafios de um término romântico: incontáveis lágrimas, noites sem dormir, confusão por expectativas não cumpridas e, é claro, um coração partido. Entrei no mercado de trabalho aos 22 anos, com olhos bem abertos e visões esperançosas para mudar o mundo. Priorizei trabalhar em instituições de caridade, direcionadas por valores. Acreditei no potencial do serviço e em nossa responsabilidade social de cuidar daqueles à margem. Eu queria ser parte de algo maior que eu mesma, então alinhei meus esforços com ONGs, igrejas e empreendimentos sociais.

Com o tempo, apesar de meu otimismo, me vi solitária, ansiosa e deprimida enquanto navegava as culturas organizacionais de instituições que "fazem o bem", mas que claramente não foram criadas comigo — uma jovem mulher Negra — em mente.

Passei por microagressões cotidianamente. Não me ofereciam promoções, porque eu não era vista como "esforçada", apesar de minha

16 A LACUNA DA DIVERSIDADE

lealdade e meu trabalho duro. *Quando* questões raciais emergiam no contexto de trabalho, eu me tornava a responsável por educar a todos, enquanto também cuidava do meu próprio trauma racial. Quando fazia sugestões sobre como podíamos ser mais inclusivos com diferentes perspectivas raciais, ou discutiam comigo ou ignoravam minhas recomendações. No calor de uma crise racial, me chamavam para conversar sobre decisões de comunicação de forma a garantir que nossa mensagem fosse "engajada" o suficiente, mas quando eu sugeri programas de justiça racial compreensivos, recebia um "não cabe no orçamento", "não é prioridade", ou "o calendário está cheio demais".

Essas experiências eram dominantes. Não aconteceram em apenas um ambiente de trabalho ou em uma organização — essa foi minha experiência em múltiplos ambientes e em múltiplas equipes. Ironicamente, eu muitas vezes estive em salas com líderes que afirmavam o desejo de ter uma organização mais diversa e mesmo assim, como a única pessoa Negra na equipe, eu com frequência me sentia destituída de poder e desrespeitada nesses ambientes.

Comecei a me perguntar: *Estou enlouquecendo? O problema sou eu? Estou sozinha nessa?*

Com essas questões muito pessoais e frustrações com organizações em mente, decidi explorar a lacuna entre as boas intenções das pessoas em relação à diversidade e o impacto dessas intenções. Líderes com boas intenções eram comuns; líderes com bom impacto, especialmente bom impacto sobre minorias raciais pouco representadas, eram raros. Eu queria saber o porquê.

Nos últimos dois anos, entrevistei mais de cem líderes pensadores, especialistas em diversidade e inclusão, criadores, autores e empreendedores sobre cultura organizacional e diversidade. Conversei com pessoas de diversas origens raciais. Aprendi com pessoas em diferentes níveis de liderança organizacional. Participei de eventos, apresentei rodas de conversas, criei um podcast e muito

VOCÊ ESTÁ CRIANDO O FUTURO **17**

mais. Foquei minha vida em torno de questões sobre cultura organizacional e diversidade.

Apesar de ter sido exposta a muitas perspectivas sobre esse tópico, percebi que a perspectiva mais significativa que tenho a oferecer vem de minhas próprias observações e histórias, baseadas em trinta anos de experiência como uma pessoa Negra vivendo nos Estados Unidos. Quando sua história está cheia de momentos como "a primeira", "a única" e "a diferente", você logo aprende como a exclusão funciona. No entanto, também adquire uma forte noção do que torna uma real inclusão possível.

Aos 23 anos, quando larguei meu primeiro emprego em uma organização totalmente branca, dei a eles uma lista de áreas nas quais precisariam fazer mudanças se tivessem o objetivo de criar uma organização racialmente diversa. Dediquei-me a essa lista de todo meu coração e minha alma por 2 motivos. O primeiro foi porque me senti responsável por dizer a verdade sobre o que precisava mudar para criar um ambiente onde alguém como eu (uma pessoa Negra) gostaria de estar. O segundo motivo pelo qual escrevi a lista foi porque eu acreditava naqueles líderes; eu confiava neles. Esperava que, se eu compartilhasse uma perspectiva que eles não tinham, mas da qual precisavam muito, eles fariam mudanças para que, no futuro, pessoas não brancas tivessem melhores experiências no local de trabalho.

Escrevi este livro pelos mesmos motivos.

1. Sinto uma responsabilidade em dizer a verdade a respeito do que precisa mudar em organizações com maioria branca que aspiram ter mais diversidade racial e étnica.
2. Acredito que os líderes de hoje têm a responsabilidade de fazer mudanças para que futuras gerações possam experimentar os presentes da diversidade racial e étnica, e evitar as lágrimas, noites insones, confusão e corações partidos que são parte da experiência de tantas pessoas racializadas dentro de organizações hoje em dia.

18 A LACUNA DA DIVERSIDADE

Este livro é uma coleção das 8 ideias que eu gostaria de ter dado a todos os meus chefes, supervisores e líderes Brancos bem-intencionados antes de me contratarem. São as ideias que quero que cada líder, inclusivo de todas as identidades raciais e étnicas, tenha caso aspire criar uma organização diversa do ponto racial e étnico. Fiz a curadoria desta lista porque vi e experimentei muitos casos em que o "trabalho de diversidade" dá terrivelmente errado. Espero que possamos fazer melhor.

As 8 ideias (e os capítulos que as acompanham) são:

1. A falta de "diversidade racial" de sua equipe não é a raiz do problema. O racismo e a supremacia branca são. Entendendo isso, ajuste suas perspectivas e estratégias.

2. O impacto de sua cultura organizacional sobre pessoas racializadas é mais importante que suas boas intenções. Priorize ouvir, acreditar e seguir pessoas racializadas.

3. Sua motivação para diversificar a equipe importa. Se for sobre dignificar pessoas, siga em frente. Se quiser apenas parecer relevante, pare imediatamente.

4. Existem muitas maneiras de ir em busca de cultura e diversidade organizacional, e cada uma tem diferentes objetivos. Escolha a sua e saiba o porquê.

5. É necessário adotar valores e comportamentos novos e mais libertadores se você deseja que grupos diversos de pessoas floresçam enquanto o seguem. Pratique a libertação; incorpore a mudança cultural.

6. Sua habilidade de cultivar uma vida pessoal diversa está diretamente relacionada à habilidade de liderar uma equipe diversa. Resista ao racismo e busque diversidade em cada área de sua vida.

7. As pessoas não querem apenas um emprego; elas querem pertencer. Sua intencionalidade e vulnerabilidade definem o tom de quanto pertencimento é possível. Lidere com coragem.

8. Ninguém está pedindo que você seja perfeito. Estamos pedindo que fique desconfortável, seja criativo, assuma alguns riscos e tome iniciativa de forma consistente. Você precisa fazer o seu trabalho.

Nossa ação ou inércia de hoje estão criando os ambientes de trabalho de amanhã. Estamos criando as culturas do futuro. Em minha imaginação, avanço para o dia em que terei filhos, que um dia partirão em busca dos sonhos deles. Quando eles começarem no primeiro emprego, quero que trabalhem para líderes que amplifiquem suas vozes e não diminuam sua luz. Quero que o futuro seja um lugar melhor, mais inclusivo e mais justo, não apenas para minha futura família, mas para todos nós. Como líderes, criar as culturas do futuro é nossa responsabilidade. Fechar as lacunas de diversidade, próximas e distantes, é nosso desafio e nossa oportunidade.

Nas páginas seguintes, destrincharei cada uma dessas 8 ideias com histórias, metáforas, diagramas, opiniões e mais. No final do livro, você encontrará uma série de perguntas para reflexão em grupo sobre cada capítulo, bem como exercícios. A melhor maneira de aproveitar este recurso é lê-lo com qualquer pessoa que colidere, cogerencie ou codirija sua organização. Pode ser seu conselho administrativo ou sua equipe de liderança executiva. Se você está liderando uma organização com maioria branca, esse recurso é ainda *mais* importante para determinar o quanto você está mesmo disposto a investir em mudanças.

Espero que você seja desafiado e inspirado pelo que encontrará nestas páginas. Também espero que descubra um caminho para aumentar a diversidade racial que não apenas funcione para você, mas afirme a dignidade de Negros, Indígenas, pessoas multirraciais e não brancas de todos os lugares.

Nosso trabalho está delineado.

Vamos lá.

1

RACISMO É
O PROBLEMA

- *Ideia:* A falta de diversidade racial da equipe não é a raiz do problema. O racismo e supremacia branca são a raiz do problema.

- *Ação:* Observe como o racismo e a supremacia branca existem dentro da sua cultura. Ajuste sua estratégia de diversidade para mudar esse sistema.

HISTÓRIAS DE ORIGEM

De onde você veio? Onde começa a sua história? Qual é sua história de origem?

Histórias de origem são narrativas que nos dizem quem somos, de onde somos e por que existimos. Também nos informam sobre quem é a nossa comunidade, nossos heróis e vilões, e o que é necessário para participar de maneira significativa do mundo ao nosso redor.

• • • • • • •

Racismo e supremacia
branca são a raiz
do problema.

• • • • • •

22 A LACUNA DA DIVERSIDADE

Nossas histórias de origem determinam muitos aspectos de nossas vidas e de nossa liderança. Levamos essas histórias para o trabalho, para culturas que criamos, para organizações que delineamos e para as equipes que construímos.

Quando penso na minha história de origem, meu coração e mente vão a lugares sobre os quais apenas ouvi histórias. Penso em meu pai e o avô dele caçando nos bosques do sul dos Estados Unidos quando ele era garoto. Penso em minha mãe e na mãe dela, cozinhando e comendo pescoço de galinha. Indo mais além, penso em campos de algodão e longos dias sob o calor do sol. Penso em casas estreitas e retangulares, estradas de cascalho, argila vermelha e dias empoeirados. Penso na fábrica de amendoim onde meu bisavô trabalhou e nas longas noites que minha avó passou limpando hospitais para conseguir pagar as contas de casa. Penso em resiliência, criatividade, uma ética de trabalho íntegra e muito amor.

Esta é a minha história de origem, os primórdios de uma jovem Negra nascida e criada no sul dos Estados Unidos. Ouvi dizer: "Falamos de onde estão nossos pés"[1]. Eu também diria: "Nós *lideramos* de onde estão nossos pés". Dos lugares em que nascemos, das famílias e comunidades que nos moldaram, das histórias que nos contaram sobre quem somos e como a vida é, nossas histórias de origem impactam tudo a respeito da maneira como lideramos.

Outro detalhe importante da minha história de origem tem muito a ver com o terror do racismo. Eu não vivi a escravidão ou a vida durante o período Jim Crow, mas o trauma de tais experiências permanece em nossos corpos e é transmitido por gerações.[2] Ele nunca passa; apenas muda de forma. Socialmente, a violência e a opressão que os corpos Brancos infligiram aos corpos Negros se transformaram da escravidão ao terrorismo do período Jim Crow à exploração econômica e à opressão política ao encarceramento em massa e à criminalização da pobreza — mesma violência, em constante evolução de formato.

Esses males antigos não são novos para os leitores do século XXI, e o objetivo deste livro não é desvendar o legado histórico e de longa data do racismo contra Negros nos Estados Unidos. Este é um livro sobre liderança e o que cada um de nós pode fazer para fechar as lacunas da diversidade e criar culturas diversas e libertadoras para o futuro. Após muitos anos estudando justiça racial e, mais recentemente, tempo gasto entrevistando pessoas sobre a lacuna entre boas intenções para a diversidade e o impacto dessas intenções, eis o que sabemos:

Nas próximas páginas, vou destrinchar o significado de racismo e supremacia branca, porque estes são a raiz dos desafios organizacionais para equipes com diversidade racial e étnica — em especial se buscarmos diversificar com dignidade. Quero fundamentar seu aprendizado por meio deste livro em uma compreensão prática dessas definições e realidades, para que você possa imaginar um novo caminho, preenchendo a lacuna entre suas intenções e seu impacto, na liderança e na vida.

Devemos começar por onde estamos, descascando as camadas das nossas histórias de origem, para descobrir o impacto da raça, do racismo e da supremacia branca sobre quem somos, o que criamos e como lideramos.

UMA RACHADURA NA FUNDAÇÃO

Você já construiu uma casa? É provável que, assim como a minha, a sua resposta seja não. Mas nos últimos meses, aprendi muito sobre o que é preciso para construir uma. Meu marido e eu compramos quase meio hectare de terra cheio de grama e flores silvestres, assim como nogueiras-pecãs, cedros, liquidâmbares e amoreiras. Também tinha uma casa que não era mais habitável porque foi incendiada no início do ano. Nosso plano era derrubar a velha casa e construir a nossa.

24 A LACUNA DA DIVERSIDADE

Quando começamos a aprender sobre o que é preciso para construir uma casa, fomos questionados várias vezes se a fundação da antiga casa ainda estava intacta. Como construtores de primeira viagem, era evidente que uma boa fundação era importante. Uma fundação forte e segura é onde começa todo bom lar. Quaisquer fraquezas ou rachaduras na fundação comprometeriam a integridade estrutural da casa.

Quando me afasto e olho para as histórias de origem de muitas empresas e organizações nos Estados Unidos, o racismo e a supremacia branca existem como rachaduras dominantes na fundação. Como em uma casa velha, essas rachaduras nem sempre são visíveis no início; só sabemos que há um problema com o passar do tempo, quando a terra se move e as tempestades vêm. Nesses momentos críticos, vemos o problema pelo que é.

Ao refletir sobre sua história de origem, pessoal ou organizacional, você vê rachaduras na fundação? Podem ser pequenas fissuras, praticamente invisíveis ao olho humano, ou rachaduras grandes e óbvias que precisam de atenção imediata.

Aqui estão três histórias de liderança para ilustrar como o racismo e a supremacia branca surgem como rachaduras na fundação de boas intenções para a criação de equipes com diversidade racial, étnica e cultural.

História #1

O tema da conferência era "companheirismo incomum". Fiquei empolgada com o evento por um motivo: havia um grupo incrível de campeões da justiça racial definido para estar no palco principal. Era 2016 e, por toda a parte, os grupos tinham dificuldades sobre como lidar com questões de raça, racismo e a divisão política desenfreada

RACISMO É O PROBLEMA **25**

nos feeds de redes sociais e nas notícias diárias. Essa conferência de liderança parecia estar enfrentando a tensão de frente.

Mas, conforme o evento avançava, fiquei impressionada com a quantidade de homens Brancos que subiram ao palco. As vozes primárias que definiam o tom da conversa eram da cultura majoritária. Normalmente, pessoas Negras, Indígenas e racializadas em geral têm melhor consciência e compreensão das questões relacionadas à unidade racial, ou à falta dela. Temos conhecimento empírico sobre o problema. *E, no entanto*, pensei, *as mesmas vozes de sempre, que costumam ocupar mais espaço com sua presença, pensamentos e liderança, estavam fazendo tudo de novo.*

O tempo passou, e estávamos nos aproximando da hora do almoço. Enfim estava chegando o momento em que líderes e intelectuais de reconciliação racial e justiça social entrariam no palco. A primeira, dra. Brenda Salter McNeil, uma mulher que dedicara mais de 25 anos ao trabalho da reconciliação racial, foi fenomenal como sempre. Mas então algo interessante aconteceu. Em vez de os outros líderes engajados com a justiça racial receberem cada um o tempo normal, de 20 a 30 minutos para falar, todos foram colocados em um único painel. Isso foi impressionante pra mim, porque cada um dos convidados era um líder convincente e passava uma mensagem por si só. Cada um poderia, com facilidade, preencher toda uma palestra. Eu esperava poder aprender com eles, então fiquei decepcionada ao descobrir que cada um teria apenas de 5 a 7 minutos para compartilhar seus pensamentos e opiniões nesse tópico importante.

Fiquei tão inquieta com essa experiência que, quando cheguei em casa, entrei na internet para descobrir mais a respeito da equipe que organizara o evento. Das quase trinta pessoas, apenas uma era Negra. Eu morava em Atlanta, na Geórgia, uma das cidades com maior diversidade racial e étnica do país. Como aquela equipe era (quase) toda Branca?

Racismo e supremacia branca eram as rachaduras na fundação.

História #2

É 2020. Os Estados Unidos estão outra vez estremecidos por uma série de assassinatos, altamente noticiados, de pessoas Negras em episódios de violência racial e brutalidade policial. Uma revolta está em andamento. Empresas e organizações, grandes e pequenas, estão se mobilizando para responder. Muitas declarações afirmam: Vidas Negras Importam. Muitos aproveitam suas plataformas para advogar por justiça e mudança. Há um grande foco em amplificar as experiências dos Negros e de outras pessoas racialmente marginalizadas do mundo. E protestos se espalharam pelo planeta, clamando desesperadamente por mudança.

Fiquei animada em ver tanto ativismo e mobilização; amei ver pessoas de origens diversas elevarem suas vozes por mudança. Deu-me esperança ouvir novas vozes aproveitarem suas perspectivas e áreas de influências para fazer a diferença. Muitas pessoas solicitavam mudanças radicais ao governo. Enquanto eu dirigia por Atlanta, vi placas afirmando: "Silêncio é traição" e "Sul-Asiáticos em favor das vidas Negras" e "Vidas Negras Importam". Todos os dias, pessoas tomavam conta das ruas para dizer que não aguentavam mais. Quase me emociono ao lembrar disso agora.

No entanto, a esperança desses momentos também se misturava com complexidade e dúvida. Eu não podia evitar me perguntar: *Os manifestantes nesse bairro de maioria branca e rica discutiram como as políticas de habitação racistas mantiveram os Negros fora de sua comunidade por décadas?*

Perguntei-me: *Para as empresas brancas postando Vidas Negras Importam, seus conselhos e equipes de liderança refletem esse sentimento? Eles valorizam vidas Negras em suas organizações?*

Continuei me perguntando: *Esses pastores Brancos que, de repente, estão falando sobre racismo, fizeram algum esforço para pensar como suas tradições estão repletas de exclusão e noções de supremacia racial branca?*

Sim, pensei, *esses líderes têm ótimas intenções, mas não acho que eles fizeram o trabalho necessário para realmente enfraquecer o racismo sistêmico e dominante; a raiz do problema.*

Rachaduras e mais rachaduras na fundação.

Uma lacuna entre o que pensamos ser racismo e o que o racismo de fato é.

História #3

Esta terceira é mais pessoal. Reconta uma experiência que tive com um antigo mentor, Stephen[3]. Compartilho esta história porque quero elucidar como as boas intenções de um líder podem dar errado nas relações profissionais, principalmente quando dinâmicas raciais, culturais, de idade e de poder estão em jogo.

Eu estava envolvida nessa nova comunidade havia alguns meses. Estava animada e grata por participar. Sabia que tinha muito a oferecer, mas como uma pessoa jovem e criativa que preferia maneiras não convencionais de trabalho, por vezes eu tinha dificuldade em encontrar ocupações com propósito e autonomia. Essa nova oportunidade parecia oferecer um pouquinho de ambos.

Quando me juntei à organização, Stephen sabia que eu tinha paixão pela causa da justiça racial. Eu estava conduzindo treinamentos antirracistas e diálogos sobre justiça racial fazia alguns anos. Eu também tinha um blog no qual compartilhava meus pensamentos a respeito de reconciliação, fé e justiça. Estava encontrando minha praia e minha voz como uma aspirante ao empreendedorismo social. Busquei a mentoria de Stephen porque queria aprender a liderar meu próprio empreendimento.

Embora eu amasse meu trabalho e estivesse empolgada para pertencer a essa nova comunidade, depois de alguns meses, múltiplas coisas começaram a parecer um pouco estranhas.

Antes de me juntar a essa organização, fiz um post de blog em que criticava uma organização de maioria branca na cidade. De forma similar ao que estou escrevendo agora, esse grupo dizia se importar com a justiça racial, mas a equipe não refletia esse cuidado; ela era composta apenas por pessoas branca. De uma perspectiva pública, o "trabalho diverso" deles era apenas da boca para fora e vinha de um desejo de ser relevante, não de dignificar pessoas Negras e as histórias delas. Escrevi sobre esse assunto e compartilhei na internet.

Meses depois, após me passar uma tarefa de escrita, não relacionada a isso, como dever de casa de mentorada, Stephen fez um breve comentário de que não queria que eu escrevesse nada crítico, como havia feito antes. Ele descreveu quão problemático fora meu tom, e disse algo do tipo: "Você precisa decidir quem vai ser. Se seu tom é crítico, você não ganhará influência".

Levei um tempo para sequer compreender o que ele estava dizendo. Aquilo foi inesperado.

Agora, quero fazer uma pausa aqui e dar voz a quais eram as intenções de Stephen naquele momento. Nem sempre sabemos quais são as intenções das pessoas quando elas dizem ou fazem algo ruim, mas como Stephen e eu ainda temos contato (e já discutimos muito essa história), tenho o privilégio de saber o que ele estava pensando.

Ao me dar esse feedback, os pensamentos dele eram:

Bethaney é criativa, talentosa e ambiciosa. Se ela puder aprender comigo durante o próximo ano, mais ou menos, estará em boa posição para escrever livros, liderar organizações e mais. Quero prepará-la para o sucesso e dar a ela acesso a plataformas que permitirão que a mensagem dela se espalhe.

Boas intenções. Ótimas intenções, até. Mas na época, o que ouvi foi:

Bethaney, não conte a verdade sobre o racismo e não fale com sua voz autêntica. Se o fizer, você não ganhará influência. Se torne como eu, e te mostrarei como liderar.

Fiquei muito magoada e ofendida. Como uma jovem ambiciosa em meus 20 e poucos anos, eu também era muito impressionável. A opinião dele me encheu de dúvidas. Foi paralisante. Os comentários dele, embora bem-intencionados, foram um golpe em minha liderança autêntica.

No momento, ele estabeleceu um precedente que comunicou a mim: *Comunicação confortável para pessoas Brancas é mais importante do que as experiências reais de pessoas Negras.*

Dito de outra forma: *Meu conforto e adesão enquanto pessoa Branca é mais importante que sua voz autêntica.*

E de outra forma: *Sou o especialista em ganhar influência, e minha maneira é a melhor que há. Se você prosseguir do seu jeito, não vai funcionar, e as pessoas não vão te respeitar.*

Ainda de outra forma: *Não fale com honestidade sobre racismo aqui.*

Naquele momento, Stephen não apenas criticou minha voz autêntica, ele também silenciou um feedback autêntico sobre racismo. De forma instantânea, senti que eu nunca poderia ser direta e honesta naquele ambiente, porque meu pertencimento dependia da minha assimilação (*seja como nós*) e minha submissão (*siga, confie e não questione*). A ironia é que eu era a única pessoa Negra na organização na época.

Se eu não tinha "permissão" para ser sincera sobre racismo, quem teria? Como uma organização toda branca se tornaria mais diversa se as pessoas racializadas na equipe não podiam ser sinceras sobre suas experiências dentro da organização? Como essa organização mudaria?

Este foi o primeiro de uma longa lista de momentos em que minha confiança fora traída. Embora Stephen tivesse se esforçado para se conectar comigo e me mentorear, ele ainda não estava pronto para me conduzir de uma maneira empoderadora.

Eu sabia que ele tinha ótimas intenções. A maioria de nós tem. Mas o impacto do comentário dele naquele momento, e em outros momentos, me enviou em uma jornada de muitos anos para reencontrar minha voz.

Rachaduras na fundação.

Diversidade não é o problema; racismo e supremacia branca são o problema. E esse problema impacta todos nós: a pessoa racializada que é nova na equipe e está em busca da própria voz, assim como a pessoa Branca que tem boas intenções, mas não sabe como elas podem causar danos.[4]

O QUE É RACISMO, DE VERDADE?

Em um esforço para compreender o racismo, é útil ter um entendimento de raça que funcione.

Raça é uma construção social. É algo que as pessoas inventaram para separar e organizar humanos em grupos.

Raça desempenhou diferentes papéis na sociedade ao longo do tempo e dos lugares. Por exemplo, nos tempos antigos, havia a "raça escravizada" e a "raça livre". Não era relacionado à cor da pele; era sobre classe e status socioeconômico. No entanto, nos Estados Unidos, raça (embora ligada à classe) é principalmente sobre a cor da pele.

Raça é unitária, o que significa que as categorias são singulares e fixas. Isso costuma representar um desafio para pessoas birraciais e multirraciais, pois elas não se encaixam nas caixas raciais da sociedade. Pesquisas mostram, com consistência, como as pessoas constroem ideias fixas sobre o que significa ser uma "pessoa Negra", uma "pessoa Asiática" e assim por diante, e como os humanos usam estereótipos para gerenciar suas expectativas dos outros com base na aparência.

Raça é sobre como você é percebido, não sobre quem você realmente é. Assim, se você é visto como um Negro estadunidense, não importa que talvez tenha nascido na Nigéria, sido criado na Alemanha e que o inglês seja sua segunda língua. A raça é somente o que as pessoas veem.

Por último, raça é inerentemente hierárquica. É aqui que uma compreensão do racismo e da supremacia branca começa a se desdobrar.

A ESCADA HIERÁRQUICA METAFÓRICA

Imagine uma hierarquia como pessoas em uma escada. Há alguém bem alto na escada e alguém bem abaixo. Se está no lugar mais alto, você é considerado mais valioso, mais atraente, mais confiável e assim por diante. Se está mais abaixo na escada, é considerado menos valioso, menos atraente e menos confiável.

Nos Estados Unidos, a hierarquia racial coloca pessoas Brancas, assim como normas e práticas culturais Brancas, no topo da escada. Essa mesma hierarquia coloca pessoas Negras, assim como normas e práticas culturais Negras, na parte mais baixa da escada. Essa hierarquia existe há séculos e tem sido reforçada por meio de práticas políticas, econômicas e institucionais ao longo da história.

Em termos de como a hierarquia funciona, a parte das normas culturais importa muito.

Aqui está o motivo: se você é uma pessoa Negra que adota normas culturais brancas, você sobe na escada. Se você é uma pessoa Asiática que adota normas culturais brancas, você sobe na escada. Se você é uma pessoa Latina que adota normas culturais brancas, você sobe na escada. No entanto, se você é uma pessoa de qualquer categoria racial e adota normas culturais negras ou práticas associadas à negritude, você desce na escada.

O que significa subir na escada? Significa que a sociedade te vê como mais valioso, mais "normal", mais confiável, mais honesto, mais humano, superior, e assim por diante.

O que significa descer na escada? Significa que a sociedade te vê como menos valioso, menos "normal", menos confiável, menos honesto, menos humano, inferior, e assim por diante.

Quando a hierarquia racial é construída sobre as muitas identidades hierárquicas prevalentes na cultura (gênero, idade, orientação sexual, classe, nível educacional, habilidade etc.), descobrimos como as combinações de marcadores de identidade dos indivíduos os torna mais ou menos valiosos aos olhos da sociedade como um todo.

32 A LACUNA DA DIVERSIDADE

Interseccionalidade

Interseccionalidade é um termo cunhado pela dra. Kimberle Crensaw. Em termos simples, interseccionalidade se refere à maneira como identidades existem em várias interseções de marcadores de identidade. Cada pessoa carrega uma raça, uma identidade de gênero, uma nacionalidade, um nível educacional e assim por diante. Dessa forma, baseados em combinações únicas de marcadores, experimentamos a marginalização de diferentes maneiras. A experiência de opressão é agravada para aqueles cujas interseções identitárias são desvalorizadas na cultura e na sociedade dos Estados Unidos.

Aqui está uma tabela detalhando vários marcadores de identidade e como eles têm sido classificados ao longo da história nos Estados Unidos.

Marcadores de identidade	Mais elevados na escada	Mais rebaixados na escada
Status econômico	Rico	Pobre
Nível educacional	Mais diplomas	Sem diplomas
Habilidade	Capaz	Incapaz
Linguagem	Inglês estadunidense padrão	Inglês como segunda língua ou vários vernáculos do inglês
Identidade de gênero	Homem	Mulher
Raça	Branca	Negra

Cada um desses marcadores de identidade existe em seu próprio espectro e como parte de sua própria hierarquia. Embora este livro se concentre nas lacunas de diversidade relacionadas à raça e ao racismo, é provável que você também encontre essas hierarquias adicionais em seu contexto organizacional. Ao fechar lacunas de diversidade em mais de um marcador de identidade, seu desafio é abordar a marginalização *agravada* experimentada por pessoas cujas interseções de identidade são desvalorizadas na sociedade e dentro de sua organização.

Se você está em posição mais elevada na escada, tende a ser mais bem pago, ter mais autoridade ou poder, e pode tomar a maioria das decisões ou tomar decisões que impactam a maior parte das pessoas. Quando a polícia ou outras figuras de autoridade interagem com você, sua primeira reação não é medo. Em vez disso, te dão o benefício da dúvida. Quando tenta um empréstimo, sua cor não é algo que conta contra você. Em geral, confiam em você para falar, fazer curadoria, liderar e dar conselhos. Quando você entra em uma sala, com frequência pode ter certeza de que pertence ali. Se você está em um estabelecimento e pede para falar com a pessoa no comando, é provável que encontre alguém que se pareça com você. Quando vai ao seu espaço religioso, é provável que veja pessoas que se assemelham com você falando ao microfone. Quando lê livros de história, a maioria das figuras e histórias proeminentes são sobre pessoas da sua raça. Quando compra livros para crianças, a maioria dos personagens se parece com você. Quando para para pensar em quem teve mais acesso à redação de leis e à definição do que significa ser um cidadão, mais uma vez, você está em companhia de pessoas saídas de um tecido racial similar ao seu.

Se essa é a sua experiência, você provavelmente está no topo da escada — seja por ser Branco (e homem) ou porque se esforçou muito para se adaptar e personificar as normas que a cultura branca mais valoriza.

Isto é a supremacia branca no contexto organizacional: um ambiente onde os valores culturais brancos estão no centro de como lideramos e de como organizações operam.

Você está no topo da escada, não por ser mais importante ou superior a outras pessoas, mas porque sua história de origem social — onde você nasceu e o corpo em que nasceu — está localizada dentro de um contexto histórico e social mais amplo, que com frequência deu vantagem a corpos Brancos, ao passo que criava barreiras a corpos

34 A LACUNA DA DIVERSIDADE

Negros, corpos Indígenas, corpos Asiáticos e outros corpos racializados por séculos.

De muitas maneiras, esta é uma simplificação excessiva feita para ilustrar um ponto de como funcionam a vantagem racial e o privilégio branco. No entanto, conseguimos construir análises com nuances similares, baseadas em gênero, status socioeconômicos, habilidade e mais. Refiro-me à seção acima, em que discutimos interseccionalidade.

Para resumir:

> **Racismo** é um sistema de vantagem e desvantagem baseado em raça; "vantagem" para aqueles em posições mais altas na escada e "desvantagem" para aqueles em posições mais baixas.

> **Racismo** não está apenas refletido nas coisas ruins que "pessoas más" dizem e fazem.

> **Racismo** não é apenas preconceito e discriminação baseado em raça.

Enquanto liderava oficinas de educação em justiça racial, descobri que muitos de nós confundem racismo com outras formas de discriminação baseada em identidade. Não reconhecemos como *estereotipar* é diferente de *preconceito*, que é diferente de *discriminação*, que é diferente de *etnocentrismo*. Não estamos falando de semântica. É importante que você entenda. Chamar tudo de racismo é outra maneira de não chamar nada de racismo. Às vezes, esse debate sobre o que é e o que não é racismo é usado como uma tática para nos impedir de discutir o verdadeiro problema: um sistema de vantagens e desvantagens baseado na raça.

> ## Chamar tudo de racismo é outra maneira de não chamar nada de racismo.

Falar de racismo requer especificidade sobre racismo.

Às vezes, o racismo é alimentado por más intenções. No entanto, com muita constância, é alimentado por uma não intencional, e às vezes invisível, conformidade com a "maneira antiga" como as coisas eram feitas.

Para entender melhor essa "maneira antiga", também é necessário entender a supremacia branca[5].

CULTURA DE SUPREMACIA BRANCA

Antes, quando mencionei a adoção de "normas culturais brancas", você pode ter pensado: *Que normas?* Para ser sincera, são muitas. Não apenas as pessoas Brancas descendem de diferentes nações, cada uma com suas próprias histórias e narrativas, mas a cultura branca nos Estados Unidos também é diversa em valores, perspectivas, sotaques e muito mais. Essa diversidade, como toda diversidade, é uma dádiva.

Quando me refiro à normas culturais brancas, falo especificamente do que muitos estudiosos definiram como "cultura de supremacia branca". Frances Lee Ansley descreve a supremacia branca como "um sistema político, econômico e cultural no qual os Brancos controlam, em uma maioria esmagadora, o poder e os recursos materiais". Nesse sistema cultural, "ideias conscientes e inconscientes de superioridade e direitos naturais brancos são difundidas, e as relações de dominação branca e subordinação não branca são reencenadas diariamente em uma ampla gama de instituições e configurações sociais"[6].

Analisar essa definição de supremacia branca significa ver a realidade que se desenrola nos Estados Unidos todos os dias.

Uma organização orientada por valores, que "faz o bem", na qual toda a equipe de liderança executiva e a maioria do conselho de administração é formada por pessoas Brancas. É provável que essa equipe tenha uma declaração de valor para a diversidade em seu site. Também é provável que eles tenham "tentado" contratar pessoas racializadas no passado, mas "apenas não funcionou". Essa organização se sente muito bem com seu trabalho. Eles se esforçam para exportar pelo globo ideias que mudam o mundo. Eles dizem todas as coisas certas, postam as hashtags certas e são hábeis em "amplificar vozes racializadas" em plataformas públicas quando o momento cultural exige. Mas, no fim das contas — apesar de toda a pose, dos pedidos de desculpas, das leituras e audições de podcasts —, o poder e os recursos permanecem presos nas mãos deles.

A supremacia branca é uma *cultura*. E como toda cultura, é sustentada e reforçada por um conjunto de valores, histórias, símbolos, normas e práticas. Está embutida em como nos comportamos.

Aqui está a questão com essa cultura: enquanto podemos escolher valores para nós mesmos, muitos valores são escolhidos para nós pela cultura em que vivemos. Esses valores permanecem sob a superfície de como pensamos, como tomamos decisões, como criamos organizações, a quem nos permitimos prestar contas e, certamente, como lideramos. Esses valores também moldam nossas histórias de origem pessoal e organizacional.

Os autores e facilitadores de justiça social Tema Okun e Kenneth Jones, na criação do recurso deles, *Dismantling Racism: A Workbook for Social Change Groups*[7] [Desconstruindo o racismo: um guia para grupos de mudança social, em tradução livre], destacam 13 valores da cultura de supremacia branca. Cada valor é um convite para você 1) reconhecê-los dentro de si mesmo e 2) reconhecê-los dentro de sua organização.

- Perfeccionismo
- Senso de urgência
- Comportamento defensivo
- Quantidade acima de qualidade
- Veneração à palavra escrita
- Paternalismo
- Pensamento de "isso" ou "aquilo"
- Acúmulo de poder
- Medo de conflito aberto
- Individualismo
- Progresso é "maior", "mais"
- Objetividade
- Direito ao conforto

Aqui estão as maneiras pelas quais esses valores atuam em organizações, tanto em geral quanto no que se refere aos esforços para construir equipes com diversidade racial de maneira digna.

1. Perfeccionismo
"Se vamos fazer isso, tem que ser perfeito."

Errar causa vergonha; líderes são relutantes em falar sobre injustiça racial porque temem estar fazendo e dizendo algo errado.

2. Senso de urgência
"O momento é agora!"

Construir equipes inclusivas, criar relacionamentos recíprocos, construir confiança, desaprender preconceitos e assim por diante — todo esse trabalho leva tempo. No entanto, devido à orientação para resultados rápidos e mensuráveis, é tentador se contentar com soluções de curto prazo em vez de mudanças de longo prazo. Este valor também fala sobre as formas como "esforço" e o "se manter sempre ocupado" definem grande parte da vida organizacional.

3. Comportamento defensivo
"É assim que sempre fizemos, e sei que funciona."

Um grande esforço é feito para proteger o status quo. Quando surgem ameaças, seja na forma de novos pensamentos ou novas pessoas, elas são recebidas com desconforto, hostilidade e, por fim, rejeição.

4. Quantidade acima de qualidade
"O que é medido pode ser gerenciado."

É atribuído mais valor àquilo que pode ser medido do que para aquilo que é importante, mas que não pode ser medido. Este valor sempre pergunta: "Quantos?" em vez de perguntar "Quão bem?" ou "Quão efetivo?" ou "Quão valioso?".

5. Veneração à palavra escrita
"Sim, mas as regras dizem..."

Histórias, ideias e crenças em forma escrita são consideradas mais verdadeiras e mais valiosas que histórias, ideias e crenças transmitidas de outras formas. Por exemplo, é provável que as pessoas levarão o que digo mais a sério porque eu "publiquei um livro", embora possa haver pessoas em sua organização ou equipe que vêm compartilhando ideias similares com você na vida real.

6. Paternalismo
"Sei o que é melhor, e minha maneira é para o bem maior."

Líderes e aqueles que detêm o poder acreditam ter o direito de tomar decisões por outras pessoas, e acreditam que suas ideias são universalmente aplicáveis. Arrogância, controle e manipulação são mascaradas como "liderança visionária". A linguagem da "família" é usada para coagir e impor a submissão aos outros.

7. Pensamento de "isso" ou "aquilo"
"Não há nada intermediário nisso."

Este é tão simples quanto parece. A realidade existe como binária: isso/aquilo, bom/ruim, certo/errado, conosco/contra nós. Essas culturas tendem a criar uma forte mentalidade de quem está dentro/quem está fora, em que o desacordo ou qualquer forma de divergência significa que você não pode pertencer.

8. Acúmulo de poder
"Eu sou o único que pode conduzir isso ao objetivo."

Embora líderes que estejam acumulando poder raramente percebam ou admitam isso, lá no fundo eles acreditam que o poder é limitado. Acreditam que compartilhá-lo seria custoso demais. Quando o senso de controle deles está ameaçado, esses líderes pensam em novas pessoas e novas ideias como inexperientes ou malformadas.

40 A LACUNA DA DIVERSIDADE

Esses líderes não conseguem imaginar um futuro em que não sejam "o líder".

9. Medo de conflito aberto
"Eu escutaria os comentários deles se fossem ditos de maneira mais educada."

Em culturas nas quais pessoas temem o conflito aberto, um diálogo honesto sobre identidade, raça e diversidade é quase impossível. Atribui-se valor demais a "ser legal" e "ser educado". Isso é problemático, porque não existe uma "maneira certa" de lidar com conflitos. Na cultura de supremacia branca, o conflito aberto não tem como começar.

10. Individualismo
"Só pode haver um vencedor."

Quando o individualismo é um valor, as organizações se focam a realização pessoal em detrimento do trabalho em equipe. Elas também promovem uma cultura de competição em vez de uma de colaboração. Mesmo que a equipe interna trabalhe de forma colaborativa, na cultura de supremacia branca, outras organizações do mesmo setor são vistas como ameaças a serem desconsideradas, invalidadas ou destruídas.

11. Progresso é "maior", "mais"
"Se você não está crescendo, está morrendo."

Este valor está em ação quando as organizações focam em expandir sua presença geográfica em vez de construir uma comunidade de forma criativa e mais profunda. A expansão e o crescimento são sempre celebrados, enquanto mal se considera a ideia de permanecer pequeno com propósito e servir poucas pessoas muito bem. Há um alto valor atribuído a mais pessoas, mais dinheiro, mais território e mais programas. Esse paradigma ignora o fato de que, quando um crescimento interminável de células acontece em nossos corpos, isso é chamado de câncer.

12. Objetividade
"Eu tenho uma perspectiva lógica e balanceada aqui."

Todas as perspectivas passam por uma lente cultural específica. No entanto, pessoas que adotam esse valor de objetividade acreditam que a perspectiva delas é normal e universal, e não cultural. Elas minimizam o papel da localização social e das emoções nas tomadas de decisão. Quando esse valor está em ação, líderes têm dificuldade em apreciar as múltiplas e diversas formas de conhecer e entender o mundo.

13. Direito ao conforto
"Se você vai falar sobre raça, deixe que eu (a pessoa que nunca passou por racismo) te diga a melhor maneira de fazer isso."

Quando os programas e treinamentos de diversidade priorizam o conforto daqueles no poder, quase nunca promovem mudança. O desconforto é onde todo o crescimento e o aprendizado começam. No entanto, se você acredita que tem direito ao conforto em todos os momentos, então nunca estará em uma situação em que diversidade, inclusão ou libertação de sistemas opressivos seja possível.

É importante fazer uma pausa agora e catalogar. Leia a lista abaixo e risque os valores da cultura de supremacia branca que tem observado em si, assim como aqueles que observou em sua organização.

42 A LACUNA DA DIVERSIDADE

Valor	Dentro de mim	Dentro da minha organização
Perfeccionismo		
Senso de urgência		
Comportamento defensivo		
Quantidade acima de qualidade		
Veneração à palavra escrita		
Paternalismo		
Pensamento de "isso" ou "aquilo"		
Acúmulo de poder		
Medo de conflito aberto		
Individualismo		
Progresso é "maior", "mais"		
Objetividade		
Direito ao conforto		

Por questões de transparência, aqui está como ficou minha tabela no momento da escrita:

Valor	Dentro de mim	Dentro da minha organização
Perfeccionismo	X	
Senso de urgência	X	X
Comportamento defensivo	X	X
Quantidade acima de qualidade	X	X
Veneração à palavra escrita	X	
Paternalismo	X	X

Valor	Dentro de mim	Dentro da minha organização
Pensamento de "isso" ou "aquilo"		X
Acúmulo de poder		X
Medo de conflito aberto	X	
Individualismo	X	X
Progresso é "maior", "mais"		X
Objetividade		X
Direito ao conforto		X

Você precisa ser Branco para fazer parte da cultura de supremacia branca?

Não.

Esta é a cultura em que vivemos. Também é a cultura que define a grande maioria das lideranças e ambientes organizacionais. Para ser um líder bem-sucedido e influente no mundo de hoje, somos ensinados, de maneira implícita e explícita, a incorporar os valores acima. Dessa forma, pessoas de várias origens raciais e étnicas adotam esses valores.

LIGANDO OS PONTOS

Vamos revisitar as três histórias que compartilhei antes para ligar os pontos entre elas e a prevalência do racismo e da supremacia branca nas lideranças e experiências organizacionais comuns. Ao entender essas dinâmicas sistêmicas-culturais, você estará mais bem equipado para interrompê-las em si e em sua organização.

História #1:
A conferência sobre união criada por uma organização de maioria Branca

Nesta história, os três valores da cultura de supremacia branca foram: quantidade acima de qualidade, paternalismo e acúmulo de poder.

Quantidade acima de qualidade. Havia pelo menos 5 líderes pensadores de justiça racial não brancos previstos para falar no evento. No site, eles constituíam um grande percentual dos apresentadores. No entanto, as perspectivas e contribuições deles tiveram a menor quantidade de tempo de palco. Como participante, fui embora tendo ouvido muito de homens Brancos e pouco de outras perspectivas. Pelo que pude ver, a quantidade de rostos não Brancos previstos para falar significava mais para os organizadores da conferência do que criar espaço para a qualidade, ou substância, do que os líderes não Brancos poderiam ter compartilhado se tivessem recebido mais tempo e espaço para isso.

Paternalismo. Embora a equipe que planejou a conferência tivesse quase nenhuma diversidade étnica e racial, esses líderes ainda se sentiram no direito de organizar um evento sobre unidade transcultural e racial. Uma das funções do paternalismo na cultura de supremacia branca é que ele leva pessoas Brancas, e com mais frequência homens Brancos, a agirem como se fossem a autoridade máxima ou os especialistas em todos os assuntos — mesmo aqueles nos quais têm zero experiência em primeira mão: por exemplo, o racismo sistêmico.

Acúmulo de poder. As vozes e perspectivas de músicos, palestrantes, autores e empreendedores Brancos ocuparam a maior parte do espaço durante esse evento sobre unidade racial. As pessoas ao microfone tinham o poder e a autoridade de moldar a experiência dos participantes. Ao concentrar esse poder de influência nas mãos de pessoas Brancas, foi reforçada a narrativa de que vozes, perspectivas e ideias de liderança brancas são mais importantes que outras.

História #2:
#VidasNegrasImportam, mas não em nossas vizinhanças ou em nossas equipes

Veneração à palavra escrita. A maneira mais óbvia com a qual esse valor emergiu durante a revolta racial de 2020 foi em como inúmeras organizações e empresas emitiram declarações sobre seu "comprometimento com a diversidade". Elas postaram *stories* online, enviariam múltiplos e-mails de campanha e até atualizaram seus sites com páginas iniciais que afirmavam #VidasNegrasImportam. Embora eu tenha amado ver essa afirmação regular da dignidade negra, me perguntei quantas dessas equipes sentiram que escrever algo era suficiente. É tentador acreditar que, se algo está escrito, é confiável. No entanto, só porque está escrito e com um design bonito não significa ser uma realidade nesses contextos.

Senso de urgência. Um dos aspectos mais desafiadores de buscar justiça racial na sociedade hoje em dia é acertar o ritmo. Como é advogar pela mudança no calor do momento, ao mesmo tempo em que se prepara para um comprometimento a longo prazo? Embora eu estivesse animada em ver tantas pessoas de todas as origens raciais e étnicas envolvidas no ativismo e em protestos, me perguntei: *Será que é só fogo de palha? A agitação e a energia frenética de agora são sustentáveis?* Entendo a vontade de resolver o problema do racismo da noite para o dia; já desejei isso. Mas pensar que uma pessoa pode tomar consciência da realidade do racismo uma semana, e entendê-la por completo, destrinchar, e ensinar aos outros como navegar por ele na semana seguinte é muito irrealista. Não é possível se mover com urgência para sempre. Você precisa desacelerar por tempo suficiente para aumentar a consciência, analisar o que está sendo visto, e daí se mover em direção a ações de maneiras autênticas e integradas.

46 A LACUNA DA DIVERSIDADE

História #3:
Eu quero você na minha equipe, mas deixe sua voz e perspectiva na porta

Objetividade (e Paternalismo). Um dos aspectos mais complicados da cultura de supremacia branca é que enquanto os valores são definidos, eles servem para reforçar a supremacia branca em si — em outras palavras, uma cultura em que pessoas Brancas mantêm o controle e os recursos materiais. No caso da objetividade, líderes que são Brancos acreditam que a perspectiva deles é linear, lógica e correta em quase todas as situações. É raro que eles questionem isso. Eles também acreditam que essas perspectivas são neutras de traços culturais e livres de emoção. A combinação de crença na objetividade e paternalismo cria uma situação na qual pessoas Brancas se sentem no direito de criticar e diminuir os hábitos, práticas e perspectivas de liderança de outras culturas.

Quando Stephen me disse a melhor maneira de me comunicar sobre racismo — um fenômeno sobre o qual ele ouvira, mas nunca experimentara —, ele acreditava que a perspectiva dele era objetivamente verdadeira e que tinha o direito de me dizer o melhor jeito de usar minha voz.

Como ele era meu mentor, havia um diferencial de poder com o qual ambos concordamos informalmente quando aceitei sua orientação em minha vida. A natureza desse relacionamento (mentor-mentorada) colocou Stephen em uma posição de autoridade para me direcionar e me corrigir. Mas faltava na postura dele nesse cenário curiosidade e humildade, pois ela também era culturalmente insensível.

A objetividade acredita na neutralidade cultural. Mas os comentários dele não eram neutros. Eram altamente influenciados por suas experiências como homem Branco e líder organizacional nos Estados Unidos. Essa insensibilidade cultural não é relevante apenas em conversas sobre racismo. **Há implicações culturais em todos os aspectos da liderança organizacional**, incluindo a arrecadação de fundos, criação de conteúdo, formação de equipes, produção de eventos e compra de imóveis. Tudo tem influência da cultura. A objetividade é um mito.

Pensamento de "isso" ou "aquilo". Por que só havia duas opções? Por que não era possível falar com sinceridade sobre racismo em meu blog *e* falar com otimismo para a organização? Por que eu tinha que escolher um tom ou o outro? Ambos eram verdadeiros. Mas para Stephen, da minha perspectiva, era como se apenas um tom fosse aceitável, certo e bom. Se eu usasse um tom de criticismo e análise, eu estava fora. Se eu usasse um tom de calma e conforto (para pessoas Brancas), eu estava dentro. Escolhi o último para continuar envolvida na organização. Essa é uma decisão que pessoas racializadas fazem o tempo todo, com um alto custo pessoal, emocional e mental. Diversidade racial, étnica e cultural não pode emergir e funcionar em situações onde não podemos ter realidades múltiplas e complexas ao mesmo tempo.

Comportamento defensivo. Por último, mas não menos importante: Stephen exibiu um comportamento defensivo ao sugerir que meu tom honesto, que ele interpretara como crítico, não construtivo e duvidoso, era uma ameaça ao status quo do que significa conduzir e ganhar influência no mundo moderno. Por um lado, talvez ele estivesse certo. Historicamente, pessoas Brancas não gostam de comunicação honesta e direta sobre racismo. Mesmo assim, a ironia permanece: é possível construir uma equipe com diversidade racial, inclusão cultural, criatividade e impacto se a postura automática é defender o status quo, silenciar vozes que causem desconforto e resistir à desconstrução e à mudança?

QUAIS OS PRÓXIMOS PASSOS?

A ideia chave deste capítulo é: a falta de diversidade da sua equipe não é a raiz do problema; racismo e supremacia branca são a raiz do problema.

O racismo é um sistema de vantagens e desvantagens baseado em raça. Dentro desse sistema, pessoas Brancas não apenas detêm a maior parte do poder e do controle, mas também experienciam o maior nível de direito a esse poder e controle. Essas dinâmicas são difíceis, embora não impossíveis, de mudar.

Para iniciar o processo de mudança, você precisa revisitar suas histórias de origem — tanto pessoal quanto organizacional. Precisa analisar de forma honesta as experiências das minorias raciais e étnicas sub-representadas em sua organização. Qual é o real impacto que sua liderança tem sobre as pessoas racializadas que trabalham para você? Também é necessário explorar como suas políticas tradicionais de diversidade estão ou não criando uma cultura dignificante onde todas as pessoas possam realmente prosperar.

No próximo capítulo, amplifico as vozes de várias pessoas racializadas (Negras, Indígenas, multirraciais, Asiáticas, Latinas etc.) que compartilharam comigo seus pensamentos sobre o que é preciso para enfrentar o racismo e a supremacia branca nas organizações. Perguntei especificamente a cada um desses líderes: "Se você pudesse dizer uma coisa aos seus colegas de cultura Branca ou majoritária sem medo de ser mal compreendido ou silenciado, o que você diria?".

Ao ouvir essas vozes, eu encorajo você a se aproximar, ouvir bem e deixar que elas o impactem como poderosamente me impactaram. Como um líder que aspira criar uma cultura em que uma autêntica diversidade racial e étnica possa florescer, sua tarefa é ouvir e aprender com aqueles que foram impactados negativamente pelo racismo e pela supremacia branca. Aqueles que passaram pelo problema têm as ideias mais aguçadas sobre como resolvê-lo.

Leia, ouça e acredite em suas histórias.

2

IMPACTO ACIMA DE INTENÇÕES

- *Ideia:* O impacto da sua cultura organizacional sobre pessoas racializadas é mais importante que suas boas intenções.

- *Ação:* Priorizar ouvir, acreditar e seguir pessoas racializadas.

AMPLIFICANDO VOZES MARGINALIZADAS

Pelas páginas seguintes, mergulharemos em uma coleção de vozes comunitárias. Durante a minha pesquisa, entrevistei pessoas Negras, Indígenas, multirraciais e pessoas racializadas em geral para melhor entender as experiências delas ao navegar em instituições predominantemente brancas.

Isso é importante por alguns motivos.

Primeiro, seus esforços para criar uma organização diversa afetarão pessoas reais. Humanos reais com histórias, identidades, limitações, esperanças, aspirações de carreira e medos reais. Embora você possa trazer um mundo de boas intenções aos seus esforços para aumentar a diversidade racial e étnica em sua organização, se seus esforços causarem danos repetitivos ou não intencionais, o fardo da responsabilidade está em *você* para mudar de rumo. Ouvir essas perspectivas muitas vezes silenciadas ou marginalizadas é um passo para abordar o impacto que "aumentar a diversidade" pode ter nos grupos raciais.

A segunda razão para ampliar essas perspectivas é porque as pessoas que vivenciam um problema são as que devem conduzir a solução. Pessoas racializadas muitas vezes experimentam o peso nocivo do racismo e da cultura da supremacia branca. Portanto, sua liderança é essencial para enfrentar essa forma de opressão no contexto organizacional.

A GUERRA DE NARRATIVAS

Um dos desafios que talvez você encontre quando começar a amplificar perspectivas historicamente marginalizadas é a guerra de narrativas. Ela é o que acontece quando a história de origem de uma organização colide com a contra narrativa daqueles que foram historicamente excluídos. Essa guerra, demonstrada nas histórias a seguir, não é nada menos que feroz. É uma luta da qual poucas pessoas saem ilesas, mas o maior dano costuma ser infligido a líderes racializados que decidem falar.

• • • ● • • •

Um dos desafios que talvez você encontre quando começar a amplificar perspectivas historicamente marginalizadas é a guerra de narrativas.

• • • ● • • •

PROTEGENDO A HISTÓRIA DE ORIGEM

Um dos pilares para manter a hierarquia racial dentro de organizações, e na sociedade em geral, é o policiamento de histórias. Pessoas se esforçam muito para manter limites rígidos, embora por vezes informais, sobre quais histórias são contadas e quais são silenciadas.

Muitas organizações têm uma história de origem. Essa história inclui narrativas nas quais o fundador, ou a comunidade fundadora, é elevado como herói. Essas narrativas são contadas múltiplas vezes, de forma a estabelecer a cultura. Essas narrativas também relembram a organização a respeito de quem ela é e sobre o que é. Essas narrativas são protegidas com ferocidade.

Aqui estão alguns exemplos gerais:

- "Somos um grupo de amigos apaixonados pela ideia de mudar o mundo. Viajamos para outro país, iniciamos no voluntariado e sentimos que o trabalho poderia ser feito de maneira melhor. Então voltamos para casa, reunimos uma comunidade de apoiadores e começamos [x] sem fins lucrativos. Desde então, trabalhamos em comunidades por todo o mundo."
- "Estávamos sentados à mesa de jantar e tivemos uma ideia. Todos concordaram que era incrível. Da noite para o dia, construímos um site e o projeto explodiu. Fomos contatados por um jornal de alcance nacional e nossa história decolou. Começamos a ensinar outros a fazer o que fazíamos. Esse foi o começo do nosso trabalho. Nossa cidade e o mundo estão melhores por causa dele."
- "Nossos corações estavam partidos por conta de uma crise internacional. Começamos a perguntar: 'O que podemos fazer para ajudar a solucionar esse problema?'. Sempre foi nosso desejo que nossas vidas fossem sobre impactar os mais

marginalizados. Criamos um modelo de negócios, levantamos os recursos e aos poucos, mas de forma constante, estamos causando impacto nessa questão por mais de duas décadas."

Soa familiar?

Com bastante frequência, essas histórias começam com um grupo homogêneo de pessoas resolvendo um "problema" em total isolamento daqueles que são impactados pelo problema. Há pouca, quando há, análise crítica onde líderes se fazem perguntas difíceis, mas importantes, como:

- *Alguém já tentou resolver esse problema antes?*

- *Como as pessoas dentro dessa comunidade já estão tentando solucionar o problema?*

- *Por que eu penso que minha solução é a melhor opção?*

- *Estou sendo paternalista? Quero ser o herói?*

- *Estou experienciando um sucesso verdadeiro neste trabalho ou isto é fruto do meu privilégio?*

- *Que papéis o racismo e a supremacia branca tiveram em criar esse problema que estou tentando resolver?*

- *Qual é a minha responsabilidade para falar de racismo e supremacia branca antes de tirar minha ideia do papel?*

Indo além, é do interesse das pessoas que criam e contam essas histórias que elas nunca sejam desafiadas. O pensamento é: "Tenho ótimas intenções e ótimas ideias. Centenas, senão milhares, de pessoas têm sido impactadas positivamente por minha liderança. Sou uma boa pessoa e um bom líder. Mereço estar no comando, e tenho direito de fazer esse trabalho no mundo".

No entanto, com o tempo, conforme as pessoas de grupos socialmente marginalizados começam a suspeitar ou a expressar contranarrativas à história de origem, elas ameaçam os fundamentos do status
quo. Ameaçam quem os líderes acreditam ser. Expõem as rachaduras
na fundação. De uma maneira muito real, contranarrativas ameaçam
a estabilidade do trabalho do líder e a existência da organização como
um todo.

QUANDO HISTÓRIAS DE ORIGEM BATEM DE FRENTE COM CONTRANARRATIVAS

É provável que você tenha visto isso acontecer nos Estados Unidos,
em nosso acerto de contas coletivo com a brutalidade policial. Um
grupo de cidadãos estadunidenses exige a abolição da polícia, enquanto um grupo diferente de cidadãos exige a proteção dela. Como
podemos chegar a duas respostas totalmente diferentes?

Uma história de origem cultural diz: "A polícia foi treinada para
nos proteger e nos servir, e precisamos dela".

Há também a contranarrativa, em grande parte vinda de comunidades raciais marginalizadas, que diz: "A polícia foi treinada para nos
caçar e matar, e isso precisa acabar".

Isso é uma guerra de narrativas. Chegamos a duas respostas diferentes baseadas em nossa posição social, histórias de origem e nas
histórias que acreditamos sobre nós mesmos, os outros e o mundo.

Em um nível organizacional, uma guerra de narrativas por vezes
ocorrerá entre uma organização de maioria branca e uma mulher
racializada que se junta à equipe.

A prioridade da organização é contar e proteger sua história de
origem, custe o que custar. Quando uma mulher racializada se junta à
organização, a tendência é ela se encaixar enquanto não questionar a

54 A LACUNA DA DIVERSIDADE

história. No entanto, quando começa a vocalizar uma contranarrativa, ou quando lidera de maneiras que a organização considera ameaçadora, forças organizacionais a excluem. Ela segue em frente, porque foi demitida ou porque o ambiente se torna tão tóxico que é preciso sair pelo bem da saúde mental e emocional.

Em março de 2018, o Centre for Community Organizations [Centro para Organizações Comunitárias, COCo], dos Estados Unidos, publicou um infográfico mostrando a jornada da mulher racializada no ambiente de trabalho.[1] Essa mulher entra na organização e vivencia quatro fases: lua de mel, realidade, resposta e retaliação. Em cada fase, a liderança branca da organização tem uma maneira particular de se comportar com a mulher.

> **Fase da lua de mel:** A mulher se sente animada, energizada e feliz de estar na equipe. A liderança branca a trata como uma contratação-token: "Começamos a preencher nossa cota de diversidade!".

> **Fase da realidade:** A mulher começa a expressar sua contranarrativa. Ela expressa preocupações sobre determinadas questões da organização; tenta trabalhar dentro das estruturas permitidas e pressiona para que algo seja feito. Nesta fase, pressões perigosas da cultura branca dominante se tornam aparentes, muitas vezes por meio de microagressões (por exemplo, comentários regulares sobre a aparência da mulher racializada) ou da expectativa de que ela fale sobre as questões raciais internas da organização sem dar a ela a autoridade ou a remuneração para fazê-lo.

> **Fase da resposta:** A liderança branca nega o racismo e culpa ou ignora a mulher racializada. Ela recebe a responsabilidade de consertar o problema e por vezes é comparada

com outras pessoas racializadas da organização: "Por que você não pode ser mais como [insira outra minoria racial aqui]? [Ele ou ela] é feliz e ama estar aqui!".

Fase da retaliação: A organização mira e ataca. A mulher racializada é considerada um "fit cultural" fraco, ou o conflito é relatado como problema de comunicação.

Um dos aspectos mais esclarecedores da pesquisa realizada pela COCo é o modo como as pessoas veem a saída de minorias raciais sub-representadas de uma organização. Enquanto quase 30% das pessoas racializadas pesquisadas pelo instituto disseram que deixaram um emprego devido a um "ambiente racial hostil", os entrevistados Brancos muitas vezes deram motivos diferentes, entendendo que seus colegas não Brancos saíram porque encontraram um emprego melhor ou porque queriam mais tempo com a família.[2] O relatório do COCo afirma: "No geral, os entrevistados brancos subestimaram em 15% a quantidade de pessoas racializadas que estavam deixando seus empregos por causa da discriminação ".[3]

Você pode pensar que pessoas racializadas estão deixando sua organização por motivos que não têm relação com dinâmicas raciais, mas pesquisas mostram que muitas pessoas racializadas saem especificamente por causa delas.[4]

A guerra de narrativa entre as histórias de origem da cultura majoritária e as contranarrativas dos marginalizados é um desafio persistente em nossos esforços para criar organizações com diversidade racial e étnica.

Conferindo os danos

Quando histórias de origem e contranarrativas batem de frente, em geral o dano maior é causado a quem traz a contranarrativa, em vez de àqueles que mantêm a história de origem.

56 A LACUNA DA DIVERSIDADE

Quem traz a contranarrativa aguenta vários níveis de trauma racial, assim como o trabalho emocional e psicológico requerido para lidar e se curar dele.

Aqueles que mantêm a história de origem costumam seguir em frente, como sempre seguiram, acreditando que têm razão nas decisões que tomam para proteger a organização e o trabalho dela.

O racismo e a supremacia branca seguem adiante, aparentemente inabaláveis. As pessoas racializadas continuam a ser silenciadas e a encarar trauma e marginalização.

Passei anos suprimindo as contranarrativas que vejo e sinto. Como uma mulher Negra que trabalhou em várias instituições de maioria branca, suprimir a verdade da minha perspectiva se tornou automático para mim por uma série de motivos.

Às vezes, a contranarrativa era silenciada de forma explícita, como foi quando Stephen (ver capítulo 1) havia me dito para não falar de uma maneira sincera e direta sobre racismo. Ou em outras situações, quando eu era "jovem demais", "inexperiente demais" ou "sem a expertise necessária" para que minhas perspectivas sobre dinâmicas raciais fossem válidas.

Também silenciei minhas próprias contranarrativas porque não queria passar pela lenta, mas certeira, rejeição que vi outras mulheres racializadas no meu ambiente de trabalho passarem. Silenciei minha contranarrativa para manter meu emprego, porque precisava do dinheiro, para garantir que pessoas Brancas se sentissem confortáveis na minha presença e para evitar perder o senso de excepcionalismo e pertencimento.

Com o tempo, esse silenciamento se aloja no corpo. O luto e a dor de tudo demandam atenção. Para mim, enquanto escrevo este livro, estou em uma fase de aprender a não mais suprimir minhas contranarrativas, pois fazer isso criou desafios físicos e mentais para mim.

De uma maneira bastante real, quando contranarrativas das margens raciais e étnicas de uma organização batem de frente com as histórias de origem de pessoas Brancas, o resultado costuma ser subjugação, demissão, minimização e até morte para pessoas Negras, Indígenas e várias pessoas racializadas.

Estou descrevendo essa dinâmica com detalhes porque quero que você tenha uma perspectiva robusta, emocional e com nuances sobre como *realmente* é centralizar e amplificar vozes de comunidades raciais e étnicas historicamente marginalizadas.

• • • • • •

Isso não é algo que fazemos para ser fofos, preencher um requisito ou para sermos relevantes.

• • • • • •

De fato, centralizar e amplificar perspectivas marginalizadas é fundamentalmente reorientar tudo o que *você* acredita ser verdade sobre quem *você* é, o que *você* faz e como *você* lidera.

E mais, quando centralizamos e amplificamos perspectivas das margens, descobrirmos novos antídotos para o racismo e para a cultura de supremacia branca. O caminho a seguir não será traçado por quem se beneficiou das estruturas opressivas do passado. O caminho a seguir será pavimentado pela história, criatividade, engenhosidade e engajamento agradável daqueles que historicamente estiveram à margem. Uma maneira de resolver a guerra de narrativas é praticar

58   A LACUNA DA DIVERSIDADE

a escuta ativa e permitir que perspectivas desconfortáveis surjam e transformem a organização.

OUVINDO VOZES MARGINALIZADAS

A seguir, 10 histórias de pessoas racializadas cujas perspectivas iluminam o impacto que as culturas organizacionais de maioria branca podem ter em minorias raciais sub-representadas. O material veio de diversas interseções entre identidades raciais e étnicas e as empresas. Os nomes foram removidos para proteger as identidades.

Ao ler, silencie o mundo exterior e deixe que essas histórias estejam na frente e no centro de seu coração, mente e imaginação. Honre essas pessoas com sua confiança. Não basta amplificar as histórias delas; você também deve acreditar nelas. Mais importante, com o tempo, você deve mudar a forma como lidera à luz do que ouve e aprende.

Mulher Negra: depois de passar onze anos em marketing corporativo, esta entrevistada foi trabalhar para uma empresa de desenvolvimento internacional sem fins lucrativos. Abaixo está a descrição dela de ir trabalhar todos os dias como a única pessoa Negra na equipe corporativa dela.

"Passei muito tempo compartimentando apenas para existir. Passei anos construindo paredes ao meu redor só para poder ser. Eu pensava: *Sei que eles só querem que eu venha e sorria e tenha um bom fit cultural.* Isso é literalmente tudo o que eu tentava fazer. Eu literalmente me segurava, me segurava, me segurava o tempo todo. Sorrindo. Só tentando prosseguir. Eu era a única pessoa Negra em um mar de pessoas Brancas. Pessoas Brancas mais velhas que estavam ali há muito tempo certamente não podiam entender um ambiente onde uma mulher Negra podia ser competente, segura de si e não pedir pela opinião deles."

Homem americano-taiwanês: este entrevistado trabalhava em engenharia corporativa e era uma das poucas pessoas não Brancas em sua empresa.

Eu: Você acha que pode experienciar pertencencimento a este ambiente?

Resposta: Como um homem americano-taiwanês, tenho aspectos da cultura ocidental e oriental. É complicado tentar descobrir qual parte de mim está assimilando esta cultura e qual parte apenas é uma porção dessa cultura. Eu não tenho que alternar com frequência e sinto que posso falar de cultura de maneiras que parecem apropriadas quando é necessário.

Eu: Se houvesse uma coisa que você pudesse dizer aos seus colegas da cultura majoritária sem o medo de ser mal interpretado ou silenciado, o que você diria?

Resposta: O que me vem à mente é a coisa que acho mais difícil de explicar. Eu diria... Em meu subconsciente, estou sempre lutando contra preservar as aparências no trabalho. O meu lado asiático está mais acostumado a manter as aparências no trabalho. Mas isso não é aceito na prática de negócios ocidental. Então, faço algumas coisas de uma forma, mas seria mais aceitável ou visto como mais honesto ou mais "status quo" se eu fizesse de outra forma.

Se eu pudesse explicar para os outros, explicaria.

Mulher Negra: esta mulher trabalha para uma organização sem fins lucrativos nacional e religiosa. Em muitas de suas funções, ela era a única pessoa Negra na equipe. Com o tempo, ela trabalhou para mudar sua função dentro da organização e trabalhar com mais pessoas Negras e de outras minorias raciais sub-representadas.

Eu: Se você pudesse dizer uma coisa aos seus colegas Brancos sem medo de ser mal interpretada ou silenciada, o que diria?

Resposta: Você nunca entenderá o custo real de estar com meu corpo dentro deste espaço Branco. Reconheça que há um custo. Um custo

60 A LACUNA DA DIVERSIDADE

holístico. Você só precisa aparecer para trabalhar todos os dias. Mas para nós não Brancos, temos que aparecer para trabalhar e lidar com suas microagressões, lidar com a criação de estratégias para todas as pessoas racializadas e fazer nossos trabalhos com excelência, porque sabemos que seremos julgados com mais severidade. Acabamos aceitando trabalhar mais, porque costumamos ser as únicas pessoas não Brancas.

Isso se acumula tanto a ponto de haver um custo holístico para o meu bem-estar emocional, psicológico e físico. Pessoas Brancas não podem entender esse custo. Sim, tenho livre-arbítrio e sim, estou aprendendo a tomar decisões diferentes. Mas o custo é real, e você é parte desse custo. Não quero que sinta pena de mim. Mas preciso que você faça algo diferente em si próprio para mudar quem somos como organização e como funcionamos. Porque sou humana.

Eu: Você gostaria de compartilhar mais alguma coisa?

Resposta: A pergunta que a maioria das pessoas Brancas começa a fazer é: "Tudo bem, o que faço?". E a verdade é que de fato precisamos que elas façam coisas. Há coisas legítimas para se fazer. Por exemplo, você precisa mudar seu comportamento. Você precisa implementar novas políticas. Você precisa contratar certas pessoas. Você precisa ir a lugares específicos. E, no fim do dia, o que pedimos é também uma transformação de si mesmo.

O racismo é dominante e está por toda a parte. Em nossas existências, em nossos corpos. Estamos falando de corpos. E assim, esperamos que você esteja informando sua existência. Qual é a aparência dela? Saiba também que há várias pessoas por aí que fazem esse trabalho e a quem você pode observar, já que estão sendo antirracistas. Aprender com elas pode ser útil.

Mulher Latino-africana: esta entrevistada trabalhou em marketing corporativo e publicidade antes de sair para iniciar a própria consultoria.

Eu: Se você pudesse dizer uma coisa aos seus colegas da cultura majoritária sem medo de ser mal interpretada ou silenciada, o que diria?

Resposta: Todo mundo erra. O que vale é como você reage quando percebe que cometeu um erro. O que vale é ter a humildade de falar sobre isso e dizer: "Me desculpe".

É importante deixar de lado o ego, voltar e de fato tentar entender o que você fez de errado — sem necessariamente colocar o fardo sobre as pessoas que você machucou para que te expliquem, a menos que elas estejam abertas a isso. Mas saiba que todos erramos. A linguagem está evoluindo, os espaços estão evoluindo, então estamos todos aprendendo e desaprendendo. Estamos todos em uma jornada e estamos todos fazendo descobertas. Eu entendo a hesitação, mas todos nós estamos passando por isso. Não deixe que o medo de dizer a coisa errada o impeça de fazer a coisa certa.

Homem Negro: este entrevistado é um consultor corporativo. Ele também lidera o trabalho interno de diversidade e inclusão de sua empresa. Abaixo, ele conta uma história sobre discutir as avaliações de desempenho dos colegas Negros com o presidente da empresa, que é Branco.

"[Meu chefe] e eu estávamos conversando sobre exemplos de alguns funcionários Negros da equipe de vendas; eles não foram tão bem-sucedidos quanto seus correspondentes. A liderança meio que atribuiu isso à possibilidade de que talvez as vendas não fossem algo pelo qual esses funcionários Negros fossem muito apaixonados. Expliquei a ele, sabe, que esses funcionários estavam entrando em salas onde as pessoas para quem eles faziam prospectos eram em maioria homens Brancos e mulheres Brancas. Se você entrar na sala como um homem Branco, se sentirá confortável. Você está falando com seus iguais, falando a mesma língua. Assim, você fica confortável. Mas se eu entro na sala como um homem Negro e sou o único homem

62 A LACUNA DA DIVERSIDADE

Negro ali, há uma dinâmica diferente no ambiente. Tenho que estar atento ao meu modo de falar, como me visto. Porque não estou apenas administrando meus preconceitos inconscientes, também estou administrando todos os preconceitos das pessoas naquela sala. E estou tentando criar um momento "uau" de vendas para eles. É uma dinâmica diferente da dos meus colegas Brancos, e é demais."

Eu: Como é ser uma minoria racial no seu contexto de trabalho?

Resposta: Há um imposto emocional quando se trata de ser uma minoria, e isso é geral. Às vezes, funcionários Negros e de outras minorias não querem se reunir com clientes depois do trabalho. Passamos muito tempo sem sermos necessariamente autênticos, porque nossos eus autênticos podem não ser aceitos. No fim do dia, estamos cansados. Estivemos agindo como outra pessoa o dia inteiro. Só queremos ir para casa e sermos nós mesmos.

Eu: Como você lida com a parte emocional? O imposto emocional e o trabalho emocional?

Resposta: Em meus primeiros anos nesse espaço, recém-saído da faculdade, eu tinha 22 anos e trabalhava com clientes por toda a empresa e por todo o país. Me lembro de um dos meus clientes ter uma cultura muito conservadora. Eu havia presumido que ele seria racista, então fiz o meu melhor para parecer mais velho, mais maduro. Eu usava um blazer, óculos, deixava a barba crescer e fazia o que pudesse para me assemelhar às pessoas com quem trabalhava e parecer mais velho. Eu me lembro de estar muito cansado e exausto às quatro da tarde. Na hora do almoço, eu voltava ao meu hotel para tirar uma soneca por estar muito cansado.

Por fim, cheguei a um ponto em que precisei ter ser sincero comigo mesmo e com aquele cliente. Tive que perguntar:

— Estou trazendo valor a este ambiente de trabalho?

— Sim.

— Tem algo que posso melhorar?

— Sim, tem algumas coisas.

— Você está feliz com o meu desempenho?

— Sim, com certeza.

Então, se estou agregando valor e sendo produtivo, minha aparência e a maneira como falo não deveriam importar. Eu não devia ter todo aquele trabalho extra. Estou sendo um bom funcionário.

Precisei ter essa conversa comigo mesmo, e então aos poucos comecei a relaxar.

Para reduzir o imposto emocional, lembre-se: Você tem valor. Seu desempenho é ótimo.

Eu: Se você pudesse dizer uma coisa aos seus colegas da cultura majoritária sem medo de ser mal interpretado ou silenciado, o que diria?

Resposta: Que entendam. Que escutem sem querer responder, mas realmente entendam e empatizem. Não seremos capazes de progredir como precisamos sem que nossos colegas Brancos sejam aliados e advoguem pela mudança.

Eu: Tem mais alguma coisa que você gostaria que eu soubesse?

Resposta: Há muito trabalho profundo que precisa ser feito quando se trata de entender os preconceitos inconscientes. Um treinamento e seminário rápidos não vão mudar seu comportamento. São apenas um ponto de contato. Você pode assumir um compromisso com a diversidade, iniciar alguns grupos de recursos para funcionários e parecer estar fazendo uma mudança. Mas até que os comportamentos sistêmicos mudem, não haverá um progresso com substância.

Mulher Chino-americana: esta entrevistada trabalhava para uma grande organização de saúde sem fins lucrativos. A equipe dela era formada em maioria por mulheres Negras, mas a organização como um todo era predominantemente branca.

Eu: Qual é a maior lacuna da diversidade que você vê em sua organização?

64 A LACUNA DA DIVERSIDADE

Resposta: A maior lacuna que vejo é quando as pessoas encaram certos traços de personalidade, aqueles que não combinam com a cultura majoritária ou traços culturais brancos, como "inferiores", porque não se encaixam no molde. Presumem que, como eles não estão usando a armadura, lhes falta inteligência ou não são capazes. Acho que não admitiriam isso em voz alta, mas acho que mulheres passam por isso também. É preciso jogar o jogo para prosseguir, e gostaria que pudéssemos celebrar todas as características naturais das pessoas. Se não, mulheres e pessoas racializadas precisam compensar o fato de serem quem são. E isso é muito exaustivo e difícil. Quando você coloca esse nível de esforço em seu trabalho diário, é automático que fique mais difícil ser bem-sucedida da forma que pessoas não Brancas são.

Eu: Se você pudesse dizer uma coisa aos seus colegas da cultura majoritária ou Brancos sem medo de ser mal interpretada ou silenciada, o que diria?

Resposta: Eu diria duas coisas. As pessoas gastam tempo demais pensando que fazem as coisas da melhor maneira e tentando convencer os outros a fazê-las da mesma forma. Mas tudo bem se não fizermos tudo igual.

Além disso, "não enxergar cores" não é o objetivo. Não é a intenção. As diferenças das pessoas são boas.

Mulher Negra: esta entrevistada trabalha para uma organização internacional de caridade sem fins lucrativos. Os comentários abaixo foram pensamentos gerais que ela compartilhou quando perguntada se havia mais alguma coisa em sua mente relacionada à raça, diversidade e a organização dela.

Resposta: O que me deixa muito enojada é a dinâmica de poder em torno de como promovemos nosso trabalho. Quase sempre, usamos rostos Negros ao contar nossas histórias. Somos muito extrativistas em nossa narrativa. Mas há palavras que usamos para nos descrever como uma organização, como *justiça social*. Como *igualdade*. E deixamos de fazer o autoexame necessário para colocar no poder pessoas que no momento não o têm.

Internamente, por mais que tenhamos pessoas racializadas, ou diversidade, em nossa equipe, elas não têm absolutamente nenhuma oportunidade de crescimento. Há pessoas que estão aqui há quinze anos e nunca conseguiram uma promoção nem um aumento. É um desafio enorme. Ao passo em que contratamos candidatos diversos, eles também saem pela porta dos fundos, porque a experiência que estão tendo aqui é muito ruim. Eles não se sentem apoiados. Têm essa existência que é tipo, "Ah, você é novo aqui! Ah, que bom que trouxemos essa pessoa diversa! Ah, uau, obrigado por ter vindo! Estamos tão animados; nós queremos ouvir o que você tem a dizer". E então eles dizem. E depois há esse viés implícito, que é super-hostil e com o qual eles têm que conviver. Eles vão embora ou não são mais um "fit cultural".

Além disso, há também a falta de transparência da liderança sobre tudo isso.

Mulher Latina Birracial: esta entrevistada ocupou um cargo de diretoria em uma organização educacional sem fins lucrativos. A conversa abaixo começa com ela descrevendo uma dinâmica de comunicação como gerente latina na organização em que trabalha.

Eu disse à minha equipe que eles conseguem lidar comigo quando estou feliz. E conseguem lidar comigo quando estou triste, mas não quando estou com raiva. Então, sei que existem certas emoções que não posso mostrar. Tipo, se eu estiver com raiva, sei que estará escrito em meu rosto. E então terei que falar do assunto. E às vezes eu só quero ficar com raiva. E não acho que tenho permissão para apenas ficar com raiva. E isso é algo que eu não havia percebido que importava tanto para mim e para o modo como eu apareço.

Eu: Se você pudesse dizer uma coisa aos seus colegas da cultura majoritária ou Brancos sem medo de ser mal interpretada ou silenciada, o que diria?

Apenas ouçam. Ouçam e parem de ter tanto medo de cometer erros. Acho que vocês têm tanto medo de cometer erros que ficam tentando ser perfeitos, e isso é irritante. Tipo, vocês não sabem tudo, vão cometer erros. Essa é outra função da supremacia branca. Sabe, apenas digam o que estão pensando. Se vocês acham alguma coisa estranha, digam. Vou dizer: "Isso não é legal. Deixe que eu explique por que não é legal". Mas se mantiverem isso dentro de si e tentarem ser perfeitos, então também não vão se tornar suas melhores versões de vocês. Não vão desmantelar a supremacia branca. Vocês vão continuar assim por estarem muito ocupados tentando ser perfeitos. Então, sabe, chega.

Homem Negro: este entrevistado trabalha como analista de negócios em uma grande corporação. Esta conversa começa com ele descrevendo sua experiência como minoria racial na empresa e dentro de seu departamento.

Sou muito consciente dos meus arredores. Sou consciente do que digo, de como digo, de como é percebido… Me destaco nos ambientes. Entro em uma sala com quarenta pessoas e sou o único Negro ali, sabe. Então, eles me veem, mesmo que eu não seja um homem importante em destaque. Não posso cometer erros. É essa a sensação. Essa pressão constante, porque se eu cometer um erro, me destaco. Se outra pessoa comete um erro, é tipo, "Ah, tudo bem". Já vi acontecer. Então, isso é importante. É a pressão de garantir que, se eu cometer algum erro, precisa ser um erro bom. Não posso errar, porque eles estão me vendo.

Eu: Como você lida com essa pressão?

Resposta: Às vezes, é estressante demais. Adquiri certos hábitos, como esfregar as mãos um pouquinho. É como se eu não tivesse o direito de ser como as outras pessoas. Conheço um cara que tem sete mil e-mails não lidos. Sem brincadeira. Mas comigo é, tipo, tenho cinquenta, e preciso garantir que todos sejam respondidos para que eu não fique com a reputação manchada. Então isso é algo a mais.

Outra coisa é, não posso demonstrar minha frustração, porque sou um homem Negro. Não quero parecer o Negro raivoso. Então isso se torna outra coisa: como faço isso graciosamente? Como indico a direção certa para as pessoas? Como eu as mantenho responsáveis?

Eu: Você pode ser você mesmo nesse ambiente?

Resposta: Não, não posso. Se eu fosse eu mesmo, daria a impressão errada para certas pessoas. Se eu estivesse sendo eu mesmo, me comunicaria de forma mais direta. Eu trabalharia para resolver problemas de imediato. Mas não posso ser assim aqui. Daria a impressão errada.

Mulher Coreano-americana: esta entrevistada trabalhou no mundo coorporativo, mas trocou de carreira para atuar em uma organização religiosa internacional sem fins lucrativos. Ela é gerente dentro da organização.

Eu: Você já esteve na minoria racial dentro do seu ambiente de trabalho?

Resposta: Sempre fui a minoria racial em todos os meus ambientes de trabalho.

Eu: Me conte como isso tem sido.

Resposta: Nos primeiros seis a oito meses de trabalho, como estou entrando em contextos majoritariamente brancos, de certa forma fico observando a dinâmica do escritório. Como é a linguagem. Como as pessoas falam umas com as outras. Como são os momentos descontraídos. Porque é bem diferente de como eu interajo com outros amigos coreano-americanos. Uso esse período de adaptação para sentar e aprender a dinâmica antes de me envolver. E aí é um processo de assimilação, porque é assim que funciona e essa é a expectativa de ser uma minoria chegando. Principalmente como Asiática. É difícil porque herdei dos meus pais — como imigrante, você entra, trabalha duro, não se mete em encrencas. Mas, juntamente com a sociedade em geral, há expectativas colocadas nos Asiáticos de que devemos desempenhar esse papel.

Eu: Você já sofreu microagressões nesse ambiente?

Resposta: Eu passei por microagressões por algum tempo, mas não percebi. Pouco depois de ser contratada, minha chefe me disse que estava procurando especificamente por uma pessoa Asiático-americana para preencher o cargo, porque damos duro e fazemos as coisas mais rápido do que qualquer outra etnia. Primeiro pensei que fosse um elogio, mas quando volto a pensar no assunto, é tipo, "Uau, ok. Isso é muito ofensivo". Um pedaço é arrancado de você toda vez que escuta isso. Acabei tendo uma fase muito irritada por um longo tempo, e de vez em quando ainda a tenho.

É muito depreciativo. A intenção não é ruim e eles não estão tentando te magoar de propósito, mas o impacto dessas palavras ou aquele tipo de ignorância começa a te afetar depois de um tempo.

Vejo mais isso à medida que subo a escada. O homem Branco está no topo da pirâmide. Ver a quantidade de graça e benefício da dúvida dado à cultura majoritária, primeiro aos homens e então às mulheres, e estar mais próxima da base da escada como uma pessoa racializada e mulher, tem sido muito difícil. Eles esperam que você trabalhe duro, mas não te elevam nem te preparam para o sucesso. Assim, fica difícil ser promovida. Se um colega de trabalho Branco comete o mesmo erro que eu, é uma coisa boba. Mas para mim, é baixo desempenho.

Eu: Qual é a maior lacuna da diversidade que você enfrenta?

Resposta: Nós fingimos, tem muita falação, do tipo: "Isso não é o que somos. Queremos fazer melhor". Mas quando se trata de decisões reais sendo tomadas, a diversidade não é incluída nessa conversa. A lacuna de "Queremos recrutar e ter mais pessoas racializadas trabalhando conosco", mas sem estarem de fato dispostos a ceder no modo de financiar essas posições, porque são totalmente alimentadas e lideradas pela cultura majoritária. Estão construindo uma estrutura dizendo "Estamos tentando ser inclusivos", mas nenhuma das estruturas permite que isso aconteça. E então culpamos as pessoas racializadas por não terem as ferramentas certas.

Há apenas um líder sênior em um cargo de tomada de decisão que é uma pessoa racializada. Todos os outros, todas as outras pessoas não Brancas, são consultores. E os membros da cultura majoritária reivindicam nossas ideias como deles. Eles querem manter suas posições e querem que seja visto como um presente o fato de termos sido convidados para essas conversas. Mas então eles apresentam nossas ideias como deles. Eles dizem uma coisa, mas não é o que eles realmente querem.

Eu: Você pode ser você mesma neste ambiente?

Resposta: Não. Por causa da fragilidade e de como vi pessoas da cultura majoritária reagirem. Mesmo que eu esteja aprendendo a ser mais eu mesma, tudo tem que estar dentro de um contexto do que é confortável para pessoas Brancas.

Eu: Se você pudesse dizer uma coisa aos seus colegas da cultura majoritária ou Brancos sem medo de ser mal interpretada ou silenciada, o que diria?

Resposta: Nós já mostramos que temos paciência. Você está pedindo a pessoas racializadas que sejam mais pacientes e que confiem. Mas você sequer entende a quantidade de paciência que já te damos diariamente.

UM MOMENTO DE PAUSA

Como entrevistadora, houve vários momentos em que precisei parar e respirar fundo com cada entrevistado. É provável que você tenha se visto fazendo a mesma coisa enquanto lia as experiências dos entrevistados. As vozes coletivas deles merecem outra pausa e um respirar fundo intencional.

70 A LACUNA DA DIVERSIDADE

Sério.

Pare.

Respire fundo.

Tire um momento para perceber com qual história, frase ou pensamento você mais se identifica. Você pode ter se identificado porque é desafiador. Pode se identificar porque doeu em seu coração de certa maneira. Talvez tenha sido um soco no estômago. Talvez você tenha reconhecido algo na liderança da sua organização e sabe que está causando dor similar. Capture seja lá o que se destacou e pense nisso por um momento. Releia a voz (ou vozes) com a qual se identifica. Por quê? O que isso significa?

Se você é uma pessoa Branca, tire um momento para pensar nas pessoas racializadas que aparecem no seu ambiente de trabalho diariamente. Talvez sejam pessoas da sua equipe, cogerentes ou diretores que lideram junto com você. Pesquisas mostram que eles provavelmente estão passando por algum aspecto de emoções, traumas e dificuldades assim como as pessoas das histórias compartilhadas aqui. Por favor, não pergunte a elas a respeito. Compartilhar nossas histórias é algo delicado, e deve acontecer em um contexto de relacionamentos confiáveis. Com bastante frequência, a avidez de uma pessoa Branca para ouvir as histórias dos colegas de trabalho Negros, Asiáticos, Latinos e de comunidades Indígenas pode causar mais dano. Você pode, no entanto, parar e pensar como a experiência diária de trabalho deles pode ser drasticamente diferente, e mais difícil, que a sua.

Se você é uma pessoa racializada lendo estas histórias, não tenho dúvida de que está vendo um reflexo de suas perspectivas e experiências aqui. Embora sejam dolorosas, de partir o coração, espero que você se sinta um pouco menos sozinho. Enquanto entrevistava essas pessoas e analisava as histórias delas para este livro, repetidas vezes eu me vi exaurida e triste pelo peso do que carregamos todo dia. Também senti uma imensa gratidão em ouvir minha experiência ecoada nas experiências de outros. Tire tempo para cuidar de si. Desenterrar experiências dolorosas é um trabalho exaustivo, principalmente se você suprimiu essas experiências para poder sobreviver, para manter relacionamentos, para proteger sua reputação ou manter seu emprego. Cuidar de si mesmo em meio a isso é fundamental. Alguns até diriam que é revolucionário.

HARMONIZANDO AS VOZES

A análise dos dados dessas entrevistas revela temas múltiplos e recorrentes a se prestar atenção.

Tema #1
Trabalho emocional e o custo psicológico

Muitos entrevistados falaram do trabalho emocional extra necessário para nós simplesmente trabalharmos no dia a dia. (Digo *nós* porque esta também é a minha experiência). Há o trabalho emocional de sorrir durante interações desconfortáveis e ofensivas. O trabalho emocional de lidar com nossos próprios preconceitos e com os dos outros. O trabalho emocional de suprimir nossas contranarrativas para sermos vistos como parte da equipe. O trabalho emocional de rebaixar nossas emoções e pensamentos verdadeiros para evitar sermos estereotipados como "raivosos" ou "difíceis". Também há o custo emocional e psicológico de ter que lidar com a tristeza, raiva, frustração e desrespeito que sentimos constantemente enquanto tentamos manter as aparências de uma compostura perfeita. Isso tudo, é claro, além do trabalho que somos pagos para fazer.[5]

O que seria necessário para criar ambientes em que pessoas racializadas possam trabalhar da melhor forma sem a distração constante e o peso do racismo e da cultura de supremacia branca?

Tema #2
A pressão para uma atuação perfeita

Múltiplos entrevistados falaram sobre a pressão de atuar em um padrão mais elevado do que seus correspondentes Brancos. Para muitas pessoas racializadas, sabemos que nosso trabalho é analisado com mais severidade do que o de outras pessoas. Há menos tolerância para erros. Há menos espaço para dias ruins, momentos em que estamos para baixo ou períodos sem produtividade.

Na minha própria experiência, vi líderes Brancos de organizações tomarem decisões ruins por meses, terem distrações e perderem de vista os objetivos importantes. No entanto, se eu, enquanto mulher Negra, tiver uma semana — ou mesmo alguns dias — "fora de sintonia" por seja lá qual motivo, minha competência, foco ou comprometimento com o trabalho são imediatamente questionados.

Como seria se concedêssemos tanto espaço para a humanidade de pessoas racializadas quanto concedemos para as pessoas Brancas em nossas organizações?

Tema #3
Navegando entre ataques à nossa dignidade

Os esforços para criar organizações com diversidade racial não são sobre métricas, dinheiro e marketing. Esses esforços dependem de sua capacidade de afirmar e valorizar a dignidade de cada pessoa que conhece. Porém, como as histórias compartilhadas aqui indicam, muitas pessoas racializadas em instituições predominantemente brancas sofrem ataques diários à sua personalidade de maneira direta e indireta. Seja por meio de comentários microagressivos, jogos de poder e criação de ambientes hostis, ou exigindo que a mudança aconteça na linha do tempo mais adequada para quem está no poder... O ataque é generalizado. Destrutivo. Desumanizante.

O que seria necessário para que organizações majoritariamente brancas, e as pessoas que as lideram, assumissem a responsabilidade pelos danos que suas lideranças causam? Como seria ir além de um "compromisso com a diversidade" para incorporar práticas de reparo?

· · · **·** · · ·

Como seria ir além de um "compromisso com a diversidade" para incorporar práticas de reparo?

· · · **·** · · ·

CONSIDERAÇÕES FINAIS

Em resposta a essas histórias, o melhor próximo passo é simplesmente acreditar no que você ouviu. Acredite nas histórias. Absorva-as. Deixe que essas histórias desafiem e expandam sua visão de mundo.

Quando você encontra histórias de novas perspectivas em sua vida e liderança, a resposta mais generosa é: *me conte mais*. Centralizar as pessoas marginalizadas e suas vozes é acreditar em suas histórias e seguir a liderança delas na criação de culturas organizacionais inclusivas.

Quando pessoas Negras, Asiáticas, Indígenas, Latinas, multirraciais, birraciais e entre outros erguerem suas vozes e oferecerem novas ideias, desafie o status quo, confie nelas e siga sua liderança.

3

MOTIVAÇÃO IMPORTA

- *Ideia:* Sua motivação para diversificar a equipe importa.
- *Ação:* Se sua busca por diversidade racial é sobre dignificar pessoas e desconstruir o racismo, continue. Se quiser apenas parecer relevante, pare agora.

QUANDO A BUSCA POR DIVERSIDADE É DANOSA

Era setembro de 2019, e meu amigo mandou uma mensagem para me informar sobre uma história urgente. O presidente de uma proeminente empresa de mídia estava na mira por insensibilidade racial e por criar uma cultura de ambiente de trabalho tóxica. Na mesma hora, comecei a pesquisar qualquer e todos os ângulos que pudesse encontrar da história. Baseado no que reuni, essa empresa foi fundada por um homem Branco jovem, que veio de uma família influente na indústria midiática. A companhia crescera a nível internacional, mas como muitas startups do tipo dela, a maioria da equipe refletia a identidade e perspectiva social do fundador: Branco, rico, homem.

Enquanto lia os principais artigos, cheguei a algumas postagens de blog de várias pessoas racializadas que já trabalharam nessa empresa. Ler as histórias delas foi de partir o coração, pois as experiências eram muito semelhantes às minhas. Identifiquei-me com a fadiga e a frustração. Eu conhecia a sensação de avaliar com constância o quão difícil era defender nossa perspectiva em uma reunião criativa.

76   A LACUNA DA DIVERSIDADE

Eu conhecia a ansiedade de questionar se os comentários que recebi estavam enraizados em um preconceito ou na realidade. Eu conhecia o estresse de tentar advogar pela justiça racial sob a bandeira de uma organização que tinha muito trabalho interno a fazer. Ler as histórias dessas pessoas era como folhear meus próprios diários.

Além das maneiras pelas quais essa história se conectou comigo a nível pessoal, ela também pintou uma descrição surpreendentemente precisa do que muitas organizações bem-intencionadas enfrentam: uma lacuna contínua entre a face relevante e criativa, que é mostrada ao mundo, e a face interna, com frequência confusa e disfuncional, especialmente no que diz respeito à raça e à supremacia branca. A história dessa empresa de mídia é uma das inúmeras histórias em que lutamos para alinhar nossas apresentações para o mundo com nossa realidade interna (ou seja, a guerra de narrativas).

De muitas maneiras, este é um dilema humano. Temos dificuldade em viver e liderar com perfeito alinhamento, congruência e integridade. No entanto, se seus esforços a favor da diversidade permanecerem no reino do que pode ser visto do lado de fora, em oposição ao que se sente e é experienciado dentro da sua organização, você reforça padrões que machucam.

O que significa se selecionamos uma diversidade que *parece boa* no Instagram, mas que *não causa* uma boa sensação nas pessoas da sua equipe?

• • ● • •

O que significa se selecionamos uma diversidade que *parece boa* no Instagram, mas que *não causa* uma boa sensação nas pessoas da sua equipe?

• • ● • •

Diversidade superficial pode parecer ótima vista de longe, mas é necessário um tipo verdadeiramente bom de diversidade racial, étnica e cultural para gerar resultados positivos a todos na organização.

Então o que exatamente torna a busca por diversidade danosa?

A diversidade danosa pode ser difícil de definir. Por vezes parece, e às vezes provoca a sensação, ser a jogada certa no começo. Quando tomamos consciência do racismo, da supremacia branca e do extenso impacto que a divisão racial tem em nossas vidas, somos compelidos a consertar tudo de imediato. Começamos programas de diversidade, damos treinamentos e oficinas, lançamos grupos de afinidade e reimaginamos nossas contratações.

Tudo isso é bom. Confere. Confere. Confere.

O problema é o seguinte: se você passa rápido demais por esses processos, perde a oportunidade de pensar estratégica e holisticamente sobre o que diversidade significa para você, sua equipe e sua organização como um todo. Além disso, se seu foco é passar por esses processos e parecer relevante, é provável que você buscará a diversidade racial de maneiras danosas em vez de maneiras que sejam dignificantes, libertadoras e sustentáveis.

Buscas danosas por diversidade são caracterizadas por pelo menos três coisas:

- Urgência rasa
- Resistência a nuances e complexidades
- Falta de resistência à opressão sistêmica (ou seja, racismo e supremacia branca)

As características da cultura de supremacia branca estão bem na porta da busca danosa por diversidade: senso de urgência, pensamento de "isso" ou "aquilo", medo de conflito aberto e mais.

Urgência rasa

Buscas danosas por diversidade muitas vezes são urgentes e rasas. São focadas em vitórias de curto prazo, momentâneas, como diversificar de repente um palco para um evento ou adicionar diversidade como uma prioridade de último minuto em uma decisão de contratação. Essas "soluções" de curto prazo também emergem diante de momentos de crise, incluindo crises nacionais, bem como organizacionais e crises relacionadas à raça.

Esses tipos de esforços rasos se tornaram comuns durante 2020, quando os assassinatos de Ahmaud Arbery, Breonna Taylor e George Floyd reuniram atenção internacional. Esse foi um enorme empurrão em direção à resolução de problemas de injustiça racial em uma variedade de formas. Líderes intelectuais falaram incansavelmente sobre racismo. Aqueles que permaneceram calados receberam respostas negativas em espaços públicos e privados. O desejo por treinamentos contra o preconceito inconsciente, diálogos e oficinas antirracistas disparou. As comunidades estavam desesperadas para entender o problema do racismo e resolvê-lo.

Porém, se a extensão de sua defesa da justiça racial e sua busca por uma comunidade diversificada aumenta ou diminui de acordo com a onda de cobertura midiática e indignação pública, o problema permanece. O racismo sistêmico e os muitos desafios culturais e organizacionais que ele cria não apareceram da noite para o dia. Da mesma forma, o trabalho necessário para reverter esses problemas requer uma visão, estratégia, criatividade e persistência constantes e a longo prazo.

Cada operação dentro de uma empresa requer certo grau de estrutura e consideração. Fechar a lacuna da diversidade — a lacuna entre as boas intenções e o bom impacto — demanda o mesmo grau de intencionalidade. Não conseguiremos alcançar nossas metas de diversidade se relegarmos a maioria de nossas iniciativas relacionadas à raça para o momento urgente.

Resistência a nuances e complexidades

Buscas danosas à diversidade são focadas em um ponto e não abrem espaço para a interseccionalidade. Como mencionado antes, a interseccionalidade oferece duas visões importantes.

1. A interseccionalidade dá voz às formas como algumas pessoas experimentam o privilégio e a marginalização ao mesmo tempo, com base na localização social delas.
2. A interseccionalidade dá expressão à forma como a marginalização é composta para alguns indivíduos, baseado na localização social deles.

Por exemplo, em organizações onde a liderança masculina Branca tem sido a norma histórica, iniciativas de diversidade por vezes atendem melhor as necessidades de pessoas Brancas (que compartilham a identidade racial da liderança histórica) e homens racializados (que compartilham a identidade de gênero da liderança histórica). Isso deixa enormes lacunas nas experiências e oportunidades dadas às mulheres racializadas.

Quando programas de diversidade não levam em conta as experiências dos mais marginalizados, as lacunas de diversidade persistem. Porém, quando as buscas pela diversidade atendem às necessidades dos mais marginalizados, todos têm chance de ser bem-sucedidos.

Às vezes, parece que a maior barreira para abraçar as nuances e complexidades da diversidade humana é, em grande parte, logística.

Falando em logística, por conta de nossa rotina diária de fazer um bom trabalho, é difícil abrir espaço para a complexidade de quem somos. É difícil determinar quanto trabalho de identidade é relevante para nossos procedimentos diários. É preciso mais conversas, mais desentendimentos e reuniões mais longas para que todos entrem em acordo.

80   A LACUNA DA DIVERSIDADE

Também é preciso muita autoconsciência, humildade e maturidade. Este é um trabalho exaustivo, principalmente a curto prazo. Por causa dessas complicações logísticas, reduzimos nossas expectativas sobre quem tem direito de ser uma pessoa completa em qualquer ambiente.

Em geral, isso significa que os membros da cultura majoritária recebem vantagem. Quando você é da cultura majoritária, seus modos de ser são a norma. Portanto, qualquer pessoa que não venha dessa cultura precisa se ajustar para corresponder a essa norma por uma questão de eficiência. As organizações raramente são estruturadas, na prática, para dar espaço ao surgimento de perspectivas minoritárias.

O que seria necessário para criarmos tempo e espaço dentro de nossas organizações para que formas de trabalho diferenciadas, complexas e diversas ganhem vida? O que mudaria em nossas rotinas semanais, nossos calendários, nossos planos trimestrais? Passaríamos mais tempo nos conectando, ouvindo e buscando entender um ao outro. Um novo tipo de ambiente de trabalho seria necessário para que mudanças assim acontecessem.

Falta de resistência à opressão sistêmica

Buscas danosas por diversidade falham em advogar por questões que importam para as comunidades diversas, principalmente em assuntos como racismo, injustiça econômica e imigração. Uma coisa é dizer: "Valorizo sua presença na minha organização". Outra completamente diferente é dizer: "Vamos nos juntar para resolver os problemas que nos impedem de ser bem-sucedidos".

Em buscas danosas por diversidade é dito: "Ei, pessoas Negras, juntem-se à nossa equipe. Queremos vocês aqui. Suas vozes e perspectivas importam para nós". Ainda assim, quando questões importantes para comunidades Negras surgem, como o racismo no ambiente de trabalho ou a brutalidade policial, quem faz essas buscas danosas por diversidade permanece em silêncio. Eles evitam falar, evitam ser "políticos demais", evitam assumir um lado quando vidas Negras e o bem-estar delas estão claramente em risco.

Comparações podem ser feitas para outras comunidades. Uma coisa é adicionar vozes Latinas à equipe; outra é se preocupar com as falhas dos sistemas que impactam famílias Latinas. Uma coisa é adicionar perspectivas Indígenas aos palestrantes do seu evento; outra é se preocupar com questões de demarcação de terras, roubo de territórios e soberania Indígena.

Em uma das minhas entrevistas, conversei com uma mulher Afro-americana que passou cinco anos trabalhando em uma instituição sem fins lucrativos de sua cidade, servindo pessoas em situação de rua. Quando perguntada por que deixou a instituição, ela disse: "Um grande desafio que tive com [a minha instituição] foi a indisposição de lidar com os sistemas. Nós nunca falávamos sobre os sistemas ou dar [às pessoas] as ferramentas [que elas precisavam] para ser parte da solução".

É danoso quando nossos esforços em aumentar a diversidade organizacional não chegam ao ponto de nos importarmos com as questões sistêmicas que afetam as comunidades racializadas em nossa sociedade. Esses esforços por diversidade têm a aparência de preocupação por todas as pessoas, mas nesses cenários, demonstrações ativas de cuidado são escassas.

ENCONTRANDO O LUGAR CERTO PARA COMEÇAR

Dada a alta incidência de se estar com algum dos problemas acima (urgência rasa, resistência a nuances e complexidades e falta de resistência à opressão sistêmica), pode ser difícil saber por onde começar.

82 A LACUNA DA DIVERSIDADE

Tive esses problemas e precisei de orientação para ajudar a encontrar meu caminho.

Nunca esquecerei minha primeira sessão de *coaching* com uma das minhas heroínas da justiça racial, dra. Brenda Salter-McNeil. Ela reuniu um grupo de mulheres apaixonadas por justiça racial, cura e reconciliação. Em nossos primeiros momentos juntas, ela contou a história de um colega que certa vez lhe disse: "Brenda, a pergunta errada sempre levará à resposta errada".

A pergunta errada sempre levará à resposta errada.

• • • ● • • •

A pergunta errada sempre levará à resposta errada.

• • • ● • • •

A ideia é simples: se começarmos a busca pela diversidade fazendo as perguntas erradas, então as respostas que conseguiremos não funcionarão.

Se forcamos em questões sobre diversificar as equipes, mas falharmos em questionar o compartilhamento de poder, erramos o ponto.

Se focarmos em questões sobre relevância social, mas falharmos em fazer perguntas sobre a história da nossa condição racial atual, erramos o ponto.

Se fizermos o trabalho de mudar nosso esquema de contratação, mas falharmos em fazer perguntas sobre mudanças culturais necessárias dentro da nossa organização, erramos o ponto outra vez.

A motivação importa.

As origens importam.

Fazer as perguntas certas no começo do processo de busca por diversidade é um primeiro passo importante.

Uma intervenção fracassada

Era 2015. Eu fazia parte de uma grande organização sem fins lucrativos com centenas de pessoas de várias origens raciais e étnicas. As pessoas Brancas eram maioria, mas havia uma forte contingência de pessoas racializadas também. O clima racial nos Estados Unidos estava tenso, para dizer o mínimo. O movimento Vidas Negras Importam estava ganhando força, e nossa consciência coletiva da injustiça racial estava crescendo. Nossa instituição sem fins lucrativos estava em uma jornada para aprender mais sobre a história e a difusão do racismo sistêmico nos Estados Unidos. Em um esforço para apoiar outras pessoas ao longo do caminho, um amigo e eu criamos um treinamento de um dia para educar nossa comunidade sobre questões sociais relacionadas à raça. Esse treinamento compreendia diversos materiais didáticos, rodas de diálogo, grupos de afinidade racial e exercícios facilitados.

Até 2018, centenas de pessoas haviam passado por essa oficina. À medida que a experiência do workshop ganhava força, levamos o treinamento para a estrada, criando experiências de aprendizado para outras comunidades além da nossa. Foi uma aventura e tanto. Adorei ver os momentos de autopercepção que as pessoas experimentaram em seu próprio trabalho e liderança de justiça racial.

Enquanto viajava para conduzir esses treinamentos, comecei a observar um padrão. Um líder executivo me convidava para dar uma oficina. Eu reunia minha equipe e liderava o treinamento. Após a experiência, eu recebia ótimos comentários a respeito das lições

84 A LACUNA DA DIVERSIDADE

aprendidas e ideias descobertas. Contei esses momentos como vitórias! Com certeza valia a pena celebrar mudança nas maneiras de pensar e nas atitudes.

No entanto, mantendo relacionamentos com essas comunidades ao longo do tempo, percebi que, por mais que as mentalidades e as atitudes estivessem mudando, as culturas organizacionais e as equipes permaneciam iguais. As equipes executivas e os conselhos de liderança ainda estavam cheios de homogeneidade masculina branca. Era como se as pessoas só se importassem com o racismo sistêmico em momentos de crise. Achei que a intervenção da formação e da educação fosse suficiente para mudar uma cultura. Porém, o impacto a longo prazo desses treinamentos contou uma história diferente.

Sim, as pessoas estavam pensando de forma diferente, mas não estavam liderando de forma diferente.

A pergunta errada sempre leva à resposta errada.

Minha intervenção, embora bem-intencionada e construtiva para alguns, acabou sendo um fracasso. As organizações e os líderes ainda estavam escolhendo conforto e manutenção do status quo em vez de diversidade, equidade, inclusão e justiça.

Assim, voltei à estaca zero. Parei de dar as oficinas. Alguns podem dizer: "Poxa. Se os treinamentos estivessem ajudando ao menos uma pessoa, valiam a pena". E talvez isso seja verdade. Mas para mim, o objetivo era, e continua sendo, uma mudança sistêmica de instituições e organizações.

Para chegar lá, precisei fazer novas perguntas. Mudei meu trabalho para a pesquisa. Eu queria saber: *Se todos estamos preocupados em resolver o racismo, por que não estamos alavancando nossa influência e liderança de forma a resolvê-lo de fato? Por que não buscamos diversidade quando não há uma crise no noticiário? O que será necessário para revisar quem somos em um esforço de nos tornarmos algo novo?*

Uma indústria falida

Além da minha experiência fazendo as perguntas erradas e criando uma intervenção que se provou ineficaz, outros também se deram conta da ineficácia dos esforços tradicionais por diversidade e inclusão. Apesar dos bilhões de dólares gastos em treinamentos, oficinas, consultorias e planos estratégicos, a maioria das empresas e organizações não consegue representar a diversidade sobre a qual tanto falam e investem dinheiro e energia.

Uma das melhores análises dessa dinâmica que encontrei está em *Diversity, Inc.: The Failed Promise of a Billion-Dollar Business* [Diversidade LTDA: A promessa falida de um negócio bilionário, em tradução livre], da jornalista Pamela Newkirk. Neste livro, Newkirk explica por que as empresas e organizações não veem um crescimento sistêmico em direção à diversidade, apesar de um investimento declarado e contínuo nesse sentido.

Algumas das razões que ela dá incluem:

1. O trabalho de consultoria de diversidade exige muito dos indivíduos e, ao mesmo tempo, os mantém em padrões vagos e difíceis de medir.

Nas palavras de Newkirk:

> O excesso de trabalho impulsionado pela crise, o aumento da demanda e os requisitos muitas vezes vagos de qualificações e resultados esperados no trabalho estão entre os inúmeros problemas que assolam o campo em ascensão de consultoria em diversidade. Essas questões são exacerbadas pelo fato de haver poucas pesquisas e entendimento sobre o que é um treinamento de redução de preconceitos e se ele funciona.[1]

86 A LACUNA DA DIVERSIDADE

2. Treinamento obrigatório parece útil a curto prazo, mas não no longo.

Citando os pesquisadores Dobbin e Kalev, Newkirk compartilha esta ideia: "Treinamento obrigatório" muitas vezes "provoca uma reação exagerada, principalmente entre homens Brancos. Em vez de serem convertidos, eles reagem com raiva e resistência".[2]

3. Em geral, a diversidade tradicional e as intervenções por inclusão parecem apenas não funcionar.

Como Newkirk delineia:

> Não há falta de jornais e revistas dedicados à questão...
> Há blogs de diversidade, livros, oficinas e boas práticas...
> Mas é visível que falta diversidade.
>
> Isso, apesar de décadas de promessas públicas e desenvolvimento de aparatos caros que, na melhor das hipóteses, resultaram em um progresso crescente de abordagem da exclusão generalizada de minorias raciais em conselhos corporativos, suítes executivas, estúdios de Hollywood e salas de aula universitárias.[3]

Quando comparo a pesquisa de Newkirk com minha própria pesquisa e experiência como educadora de justiça racial, a verdade fica evidente e alarmante: "Como *diversificar?*" é a questão errada da qual partir.

Há algo mais fundamentalmente errado do que nossa capacidade de construir equipes que reflitam a diversidade racial e étnica.

Uma série de motivações fracassadas

Além de intervenções malsucedidas e uma indústria em declínio, há também uma série de motivações fracassadas minando os esforços de criar diversidade racial, étnica e cultural nas organizações: o caso empresarial, o caso moral, o caso espiritual e o caso de serviços. Enquanto lê, anote os casos que achar mais atraentes. Anote também aqueles que você viu acontecer em sua organização.

Caso #1
O caso empresarial: mais diversidade equivale a mais dinheiro

Em janeiro de 2018, a McKinsey & Company divulgou um relatório que afirmava: "Empresas cujas equipes executivas têm mais diversidade étnica — não apenas em relação à representação absoluta, mas também à variedade ou mistura de etnias — têm 33% mais chances de ter mais lucros que suas concorrentes".[4] Essa estatística, e muitas outras semelhantes, apontam para o que muitas vezes é chamado de "o caso de negócios da diversidade".

A lógica é simples: a diversidade é um bom negócio. Se for bem feita, sua empresa ganhará mais dinheiro. Ao pesquisar o caso de negócios para a diversidade, você também encontrará inúmeros artigos que desvendam as maneiras com as quais equipes diversas impulsionam a inovação e a criatividade. Experimentamos resultados melhores, mais criativos e mais interessantes quando temos mais perspectivas de criar um bom trabalho.

Falando de maneira superficial, o caso de negócios da diversidade tem um tremendo mérito para instituições com fins lucrativos. No entanto, o problema está em como essa motivação impacta as pessoas. Quando toda uma estratégia de diversidade é construída em prol da vantagem competitiva, as pessoas são mercantilizadas.[5]

No caso de negócios da diversidade, humanos reais (com histórias, talentos, competências e sonhos reais) são tratados como tokens e bens valiosos. Essas pessoas são valorizadas pela aparência que dão à organização, mas a organização dá pouca atenção ao impacto do ambiente de trabalho sobre elas.

Em um evento organizado por mim em março de 2020, tive o privilégio de aprender com Xavier Ramey, CEO da Justice Informed, uma empresa de impacto social com sede em Chicago, Illinois. Durante sua palestra, ele disse:

> Gosto do caso de negócios da diversidade. Eu o desafio. Veja bem, existiu também um caso de negócios que dizia para alimentar pessoas escravizadas duas vezes por dia. Assim, elas trabalham mais. Elas dão conta de mais tarefas. Mais inovações na plantação. É a diversidade da escravidão. Isso não significa que você os considera humanos. Não significa que você saiba respeitá-los. Não significa que você entende de dignidade. Significa que você mais uma vez submeteu um humano a ser valorizado com base em sua capacidade produtiva.[6]

O caso de negócios da diversidade é problemático porque é um ataque à dignidade humana. Essa motivação dificulta nossa capacidade de fazer o trabalho real de enxergar as pessoas, honrar seus dons, respeitar suas diferenças e abrir espaço para que as culturas de nossas organizações mudem.

Caso #2
O caso moral: mais diversidade é a coisa certa a fazer

Muitas pessoas começam a se importar com questões raciais e de diversidade ao aprender sobre as injustiças do mundo. Nunca vou me esquecer de quando tinha 18 anos e peguei meu primeiro voo para Chicago em uma viagem de férias. Enquanto estava lá, aprendi sobre a triste história racial de Chicago e sobre o papel que pessoas comuns podem desempenhar para consertar o que está errado. Esse argumento moral para a diversidade e a equidade racial ainda é atraente para mim. E, no entanto, não é um impulso forte o suficiente para a criação de culturas e organizações diversas.

Por quê? Porque nem todos acreditam em nossa responsabilidade coletiva de lidar com a injustiça social. Para muitas pessoas, não há um senso de dever ou obrigação de resolver questões de racismo e supremacia branca. A educação e o treinamento podem ajudar a fechar essa lacuna, mas pesquisas evidenciam que, na maioria das vezes, o treinamento obrigatório causa uma reação negativa. Quando as pessoas se ressentem em silêncio em relação à busca da diversidade, elas impedem o progresso geral.

Além disso, quando a busca por diversidade é um imperativo moral, ela costuma ser relegada a grupos menores, cujo foco é o policiamento do mau comportamento dentro da organização. O policiamento gera mais frustração e menos confiança. As relações interraciais são mais tensas nesses ambientes, e a diversidade raramente é integrada às funções centrais de uma organização ou equipe.

Se você tem fortes convicções sobre diversidade e justiça racial, pode estar pensando: *Não deveria ser assim.* Concordo com você. No meu mundo dos sonhos, todas as pessoas entenderiam os impactos devastadores e excludentes do racismo e da supremacia branca, e cada uma delas teria a convicção de fazer algo sobre esses problemas. Mas minha experiência e pesquisa me dizem que essa não é a nossa realidade. É difícil reunir as pessoas em torno de um movimento no qual elas não acreditam.

Caso #3
O caso espiritual: mais diversidade é o que somos feitos para buscar

Anteriormente, contei uma história sobre o programa de treinamento que criei para ajudar organizações a entender e responder aos desafios do racismo em sua comunidade e sociedade. O que não mencionei é que esta era uma organização baseada na fé. Como comunidade, tínhamos uma forte convicção de que os humanos são projetados para a diversidade e para participar da cura do mundo. Essa motivação espiritual estava enraizada em nossa tradição histórica de fé.

Isso é o que chamo de "caso espiritual" da diversidade. Muitas pessoas que participam de comunidades espirituais também encontram um ímpeto espiritual e/ou místico de se engajar no trabalho da diversidade e resistir ao racismo. Por mais que essa visão impulsione a emoção das pessoas, e talvez até o espírito, raramente obriga os líderes a mudar a composição demográfica de suas equipes. Raramente os desafia a seguir a experiência e a sabedoria dos mais marginalizados. No caso espiritual da diversidade, é fácil se perder em sentimentos e conversas. Dentro desse caso, existe pouca responsabilidade em realmente mudar as realidades organizacionais.

O caso espiritual é excelente para TED Talks, mas é raro que altere de fato as trajetórias de muitos líderes. É raro que leve a diretorias ou conselhos administrativos mais diversificados. Na verdade, os líderes nesses contextos tendem a dobrar o poder e resistir ao trabalho árduo da transformação. Por mais que o caso espiritual seja bonito, não é suficiente para fechar a lacuna entre as boas intenções e uma verdadeira mudança cultural.

Caso #4
O caso de serviço: mais diversidade servirá melhor nossa comunidade

Por muitos anos, meu trabalho de educação em justiça racial foi localizado em, ou perto de, Metro Atlanta, Geórgia. Enquanto tentava inspirar líderes de organizações em minha comunidade para diversificar suas equipes racialmente, eu dizia algo assim: "Se você está comprometido a servir a cidade de Atlanta, um lugar onde mais da metade dos residentes são Afro-americanos, a demografia racial de sua equipe deve refletir a cidade".

Empresas também usam uma lógica semelhante relacionada à base de clientes: "Se vamos vender para pessoas da comunidade X, nossa equipe de vendas precisa se parecer com a comunidade X".

Esse é o caso de serviço da diversidade. Parece maravilhoso, e esse caso em particular pode levar à criação de uma equipe mais diversa. Mas esse propósito ainda tem suas limitações.

De acordo com os pesquisadores de comportamento organizacional Robin J. Ely e David A. Thomas, quando a diversidade é buscada com essa orientação de serviço em mente, ela se torna um projeto paralelo. Pessoas racializadas são usadas para fazer a organização parecer consciente e relevante aos olhos do público ou da base de consumidores. Ela também limita muito o quanto os "contratados pela diversidade" podem discutir com quem está em funções centrais da organização ou empresa.[7]

Essas limitações perpetuam a desigualdade racial no local de trabalho, pois pessoas Brancas, parte da cultura majoritária, podem falar sobre toda e qualquer área de funcionamento do grupo, enquanto as pessoas racializadas só podem falar sobre funções "relacionadas à diversidade". Por mais que o caso de serviço pareça convincente, ele não dá lugar à criação de uma cultura de diversidade, dignidade e libertação.

O caso da dignidade ao buscar a diversidade

Buscar diversidade racial, étnica e cultural é dignificar as pessoas. É sobre quem você valoriza. É sobre quais histórias e vidas realmente importam para você. Essa busca não é para cumprir requisitos, parecer relevante ou ganhar mais dinheiro. Esse trabalho é sobre a criação de culturas equitativas no local de trabalho. Esse trabalho também é sobre aprender a resistir e romper com o racismo e a supremacia branca.

O caso da dignidade ao buscar a diversidade diz que todas as pessoas são inerentemente dignas de respeito, segurança, encorajamento e apoio quando chegam ao trabalho.

Se uma cultura organizacional está criando um impacto prejudicial na vida das pessoas dentro da organização, então a organização precisa mudar.

Ao manter a dignidade humana como base de suas aspirações de cultivar uma organização com diversidade racial e étnica, você cria um ambiente onde diversos grupos de pessoas são incentivados a apreciar e aprender uns com os outros. Priorizar a dignidade humana irá desafiá-lo a desacelerar e entrar na bagunça da dinâmica relacional. Ela o forçará a avaliar como sua história de origem e as histórias de origem de outras pessoas estão moldando sua cultura organizacional.

A pergunta deixa de ser "Como diversificar minha organização?" e passa a ser "Como minha organização está resistindo ao racismo? Como estamos afirmando regularmente a dignidade das pessoas racializadas? O que estamos sacrificando hoje para criar uma organização mais inclusiva amanhã?".

Novas questões surgem quando você coloca as pessoas em primeiro lugar. Suas estratégias e, por fim, sua cultura, evoluirão conforme perguntas mais dignas e centradas no ser humano forem feitas.

4

ESCOLHA SEU FORMATO

- *Ideia:* Há muitas maneiras de buscar cultura e diversidade organizacional, e cada uma tem objetivos diferentes.

- *Ação:* Escolha seu formato e saiba o motivo.

DIVERSIDADE?
RECONCILIAÇÃO?
LIBERDADE?

Ao decidir criar diversidade racial, étnica e cultural em sua organização, você descobrirá que há muitas perspectivas a respeito de que tipo de trabalho vale a pena fazer. Vários líderes e consultores abordam a questão da diversidade de diferentes maneiras. Há um vocabulário inteiro dedicado a explicar o que significa a busca por *diversidade*, em oposição às buscas por reconciliação, antirracismo, equidade, inclusão, pertencimento e liberdade.

A seguir, há um guia feito para te ajudar a pensar com mais profundidade, criatividade e visão holística sobre o que a busca por diversidade racial e étnica em sua organização significa para você.

Como afirmado em capítulos anteriores, é importante lembrar:

- O racismo e a supremacia branca são as raízes do problema. Você deve continuar a apontar e a resistir a essas realidades culturais sistêmicas.

94 A LACUNA DA DIVERSIDADE

- O impacto de suas ações sobre pessoas racializadas é mais importante que suas boas intenções. Você deve sempre ouvir, acreditar e seguir a liderança de pessoas racializadas.
- Sua motivação para buscar a diversidade racial importa. Se o trabalho é sobre você, pare. Se for sobre dignificar outras pessoas, continue.

Com essas ideias em mente, apresento o *Guia de diversidade para liberdade*. Essa análise detalhada não apenas me ajudou a pensar sobre novas práticas sobre a cultura organizacional e diversidade, mas serviu como um ponto base para me ajudar a entender outros na jornada. Quando você conhece seu próprio foco, assim como o foco daqueles em sua equipe, fica mais bem preparado para encontrar alinhamento e progredir em conjunto.

Como líder, um dos melhores presentes que você pode dar aos outros é clareza sobre para onde está levando sua organização e por quê. Ao analisar o diagrama a seguir, perceba onde esteve seu foco ao longo do tempo. Além disso, pense onde sua equipe está localizada no diagrama atualmente.

O GUIA DE DIVERSIDADE
PARA LIBERDADE

Na Figura 1, há três estruturas para buscar a diversidade organizacional. Cada estrutura faz diferentes conjuntos de perguntas, envolve veículos de mudança distintos e define o sucesso de várias maneiras.

Figura 1.

A diversidade, no círculo mais externo, é definida como "o estado de ter várias raças, etnias, nacionalidades e perspectivas culturais presentes em sua equipe"; é a presença inegável da diferença.

A reconciliação, no círculo do meio, é definida como "o processo contínuo de restauração de relações autênticas e mutuamente dignificantes entre pessoas de diferentes perspectivas raciais, étnicas e culturais".

A libertação, no centro, é definida como "liberdade de sistemas, histórias, hábitos, políticas e práticas opressivas". A libertação inclui o antirracismo e várias práticas antiopressivas.

ESTRUTURA #1
DIVERSIDADE

Perguntas-chave para fazer a líderes desta estrutura:

- Como diversificar nossa equipe?

- Como diversificar nossa rede para ajudar com a contratação de membros não Brancos para a equipe?

- O que faz pessoas de origens não brancas se sentirem parte integral do que estamos criando?

Onde organizações focam energia nesta estrutura:

- Contratação e retenção de candidatos não Brancos.

- Acompanhamento de várias métricas relacionadas à diversidade.

- Garantir representação diversa em materiais de marketing.

- Posicionamento estratégico para relações-públicas.

Modos de mudar a organização:

- Oferecer treinamentos para preconceitos implícitos ou inconscientes.

- Contratar consultores de diversidade.

- Lançar grupos de recursos para os funcionários.

- Criar forças-tarefas de diversidade.

Qual a sensação de obter sucesso:

- Representatividade: em outras palavras, quando olha a demografia de sua organização, você vê uma variedade de raças, etnias e culturas sendo representadas.

ESTRUTURA #2
RECONCILIAÇÃO

Perguntas-chave para fazer a líderes desta estrutura:

- Como construímos conexões e relações interraciais significativas?

- Como falamos sobre raça e diversidade de maneira sustentável?

- Onde o conflito racial está presente em nossa equipe e como o abordamos?

Onde organizações focam energia nesta estrutura:

- Cultivando relações interraciais com membros da equipe, membros da diretoria e vendedores.

- Fortalecendo a comunicação interna.

- Aprendendo e entendendo histórias de diferentes grupos raciais e étnicos.

- Construindo comunidades para além das fronteiras da diferença racial e étnica.

Modos de mudar a organização:

- Diálogo

- Facilitação

- Mediação de conflitos

- Contação de histórias

- Construindo competência cultural

Qual a sensação de obter sucesso:

Conexão autêntica: em outras palavras, pessoas de variadas origens raciais e étnicas sentem que são vistas e reconhecidas por quem são, e pessoas buscam ver e conhecer aqueles que são diferentes de si mesmos.

ESTRUTURA #3
LIBERTAÇÃO

Perguntas-chave para fazer a líderes desta estrutura:

- Como o racismo é ativo em nossa organização?
- Que papel os sistemas opressivos tiveram em criar os problemas que nossa organização está tentando resolver?
- Nossas ações são racistas ou proativamente antirracistas?

Onde organizações focam energia nesta estrutura:

- Ativismo
- Poder
- Centralizando os marginalizados
- Reparações

Modos de mudar a organização:

- Ativismo

- Reflexão
- Terapia
- Assumir a responsabilidade
- Imaginação

Qual a sensação de obter sucesso:

Mudança organizacional e sistêmica: ou seja, quando a organização opera de maneiras antirracistas, antiopressivas e libertadoras; todas as pessoas são convidadas para participar no desmonte de sistemas opressivos e na reimaginação da sociedade.

Crescimento pessoal: ou seja, membros da equipe de várias origens raciais estão evoluindo em suas identidades raciais e étnicas, assim como seu entendimento de como desmontar sistemas opressivos.

	Diversidade	Reconciliação	Libertação
Perguntas	Como diversificar nossa equipe? Como diversificar nossas redes para ajudar a recrutar funcionários não Brancos? O que faz com que pessoas de origens não Brancas se sintam parte integrante do que estamos criando?	Como construímos conexões e relacionamentos interraciais significativos? Como falar sobre raça e diversidade de forma sustentável? Onde o conflito racial está presente em nossa equipe e como o abordamos?	Onde está o racismo em nossa organização? Que papel os sistemas opressivos desempenharam na criação dos problemas que nossa organização está tentando resolver? Nossas ações são racistas ou proativamente antirracistas?

100 A LACUNA DA DIVERSIDADE

	Diversidade	Reconciliação	Libertação
Foco	Contratação e retenção de candidatos não Brancos Acompanhamento de várias métricas relacionadas à diversidade Garantir uma representação diversificada em materiais de marketing Posicionamento estratégico para relações-públicas	Cultivando relacionamentos interraciais e interculturais Fortalecimento da comunicação interna Aprender e compreender histórias de diferentes grupos raciais e étnicos Construir comunidade por meio das fronteiras de diferença racial e étnica	Praticar o ativismo social e cultural Redistribuir e reequilibrar o poder Centralizar os marginalizados Pagar e praticar reparações
Veículos	Fornecer treinamentos contra preconceitos implícitos ou inconscientes Contratar consultores de diversidade Lançar grupos de recursos para os funcionários Criar forças-tarefas de diversidade	Diálogo Facilitação Mediação de conflitos Dar voz às narrativas Construir competência cultural	Educação Reflexão Terapia Assumir a responsabilidade Imaginação
Sucesso	Representatividade	Conexão autêntica	Crescimento pessoal e mudança organizacional

Em vários momentos da minha jornada, diferentes formas desse diagrama estiveram à frente da minha liderança. Assim que me formei na faculdade, eu tinha muita paixão pela reconciliação. Queria construir uma comunidade com propósito, onde os indivíduos evoluíssem em suas identidades raciais e perspectivas culturais, e aprendessem a falar sobre raça de maneira produtiva.

Depois de alguns anos na estrutura da reconciliação, tive curiosidade sobre a diversidade. Eu queria ver as organizações refletirem e representarem a rica diversidade de nossas comunidades em seus palcos, em seus conselhos administrativos e em suas equipes de liderança.

Conforme os problemas do racismo e da supremacia branca se tornaram mais gritantes, principalmente no contexto organizacional, a libertação se tornou inegociável. Todo o resto parecia um remendo, temporário.

Além de pensar sobre o trabalho de diversidade de forma mais crítica, comecei a avaliar minha própria saúde e bem-estar como mulher Negra no mundo. Se minha saúde e bem-estar fossem prejudicados no esforço de "diversificar equipes" ou "diversificar organizações", qual fora o ganho de fato? Sim, talvez a organização parecesse mais inclusiva e talvez as equipes mudem, mas a que custo? Comecei a me perguntar: *Se vidas Negras importam, isso inclui a minha?*

Considere como essas várias estruturas afetam seus esforços de criar diversidade racial, étnica e cultural em sua equipe. Buscar a diversidade é o suficiente? Você está em uma fase em que a reconciliação precisa ser priorizada? Como você pode integrar a atividade libertadora nesse processo?

A seguir, um estudo de caso sobre como as três estruturas operaram juntas no contexto de uma organização real: a Plywood People.

Estudo de caso: Plywood People

A Plywood People é uma organização sem fins lucrativos em Atlanta, na Geórgia, que lidera uma comunidade de startups de caridade. A organização começou há pouco mais de uma década, quando o fundador, Jeff Shinabarger, decidiu criar uma comunidade de empreendedores sociais em busca de conexão, treinamento e apoio para lançar suas

102 A LACUNA DA DIVERSIDADE

ideias. O que começou como uma reunião de cem pessoas em um evento chamado Plywood Presents se transformou em todo um ecossistema de criatividade, coragem e compaixão. Por meio dessa comunidade, pessoas comuns encontram a iniciativa e o treinamento de que precisam para lançar ou escalar seus negócios, organizações ou projetos.

Juntei-me a Plywood People em 2017, como líder de evento. Na época, a organização era majoritariamente branca. Para mudar essa realidade, a liderança tomou uma decisão intencional de diversificar todos os aspectos da organização, começando pela diretoria e equipe.

Quando me juntei a eles, muitas de nossas conversas sobre raça estavam na estrutura da *diversidade*. Primeiro, buscamos diversidade racial na equipe e na diretoria. Em um esforço para reforçar a representação diversa dentro da comunidade de empreendedores como um todo, fizemos o lançamento de um grupo de afinidade para líderes não Brancos. Ao planejar eventos, buscamos uma representação diversificada em termos de gênero, idade, orientação sexual, raça e indústria. A diversidade se tornou uma prioridade comum e consistente: como podemos garantir que cada parte do nosso trabalho represente a comunidade que estamos nos esforçando para liderar e servir?

Durante a diversificação intencional e metódica de cada parte de nossa comunidade, começamos também a buscar reconciliação. Isso envolveu inúmeras conversas, vulnerabilidade, resolução de conflitos e abertura de espaço para diferentes perspectivas. Essas conversas quase nunca eram planejadas. Aconteciam durante uma refeição ou durante reuniões de equipe. A normalização das conversas sobre raça e identidade desempenhou um grande papel no fortalecimento da capacidade de nossa equipe de falar sobre raça de maneira contínua e construtiva.

Entre 2017 e 2019, testamos muitos experimentos e estratégias. Fiz um grupo focal com mulheres não Brancas para entender melhor seus desafios e experiências na comunidade Plywood. Participamos de oficinas de antirracismo para obter novas perspectivas sobre como o racismo funcionava em nossa organização. Durante nossos maiores eventos do ano, convidamos palestrantes e intelectuais para compartilhar seus pensamentos sobre diversidade, trabalho antirracista e muito mais. O conselho de diretores lia livros em conjunto e buscava se educar mais nas próprias esferas de influência. Foi uma época de imenso crescimento interno e aprendizado.

Em 2020, mais algumas mudanças aconteceram. Uma nova diretora de operações foi contratada para coordenar a organização com o diretor executivo. Esse cargo foi preenchido por uma mulher Negra. Isso não apenas aumentou a representatividade, mas mudou a posse do poder dentro da organização — um movimento em direção à libertação.

Também em 2020, a equipe começou a discutir como seria adotar um valor organizacional de busca pela diversidade e pelo ativismo antirracista. A adição de um novo valor criou um padrão pelo qual a organização poderia ser responsabilizada.

Para a Plywood People, o movimento da diversidade para a reconciliação e a libertação não foi linear. Havia muitas ações sobrepostas, inúmeras conversas e centenas de pequenas decisões necessárias de forma a preparar o caminho para mudanças contínuas e duradouras.

Decisões como:

- Quais leituras estamos exigindo para o próximo estágio de verão?
- Precisamos aumentar o número de líderes intelectuais Asiático-americanos em nosso próximo evento. Vamos criar um orçamento para isso.
- A única pessoa Negra em nossa equipe está se sentindo isolada. Vamos pagar para enviá-la para uma conferência de líderes Negros.
- Temos uma reunião da diretoria mês que vem. Vamos trazer uma pessoa para nos treinar sobre diversidade e construção de cultura. Com certeza a pagaremos.

- Gostaria de treinar minha equipe sobre hospitalidade na indústria de serviços. Onde posso encontrar livros sobre hospitalidade escritos por mulheres e pessoas racializadas?

Ações sobrepostas. Inúmeras conversas. Centenas de pequenas decisões.

Essas mudanças não ocorreram da noite para o dia. Há sempre mais trabalho a ser feito. Quando você entende onde está e projeta para onde está indo, cria oportunidade para cada membro da equipe emprestar seus esforços ao propósito de fazer a diferença.

ENCARANDO A ESTRUTURA POR OUTRO ÂNGULO

Uma maneira de começar a identificar lacunas de diversidade em sua organização é descobrir onde essas estruturas se sobrepõem em seu contexto. Veja o diagrama de Venn na Figura 2.

Figura 2.

Neste modelo, há pontos óbvios de sobreposição entre as diferentes estruturas.

Onde **diversidade e reconciliação** se sobrepõem em (A.), você vive a riqueza da diversidade e da conexão entre as fronteiras da diferença cultural. Também consegue construir as habilidades interpessoais necessárias para lidar com tensões raciais. É provável que um espaço assim tenha buscado suporte de consultoria, criado grupos de afinidade ou espaços de diálogo e praticado a abordagem de conflitos raciais, seja dentro da equipe ou no mundo.

O que está faltando no espaço *diversidade-reconciliação* é uma análise de poder (pensar criticamente sobre como o poder é acumulado ou compartilhado), uma compreensão da opressão sistêmica (aprender a ver e nomear atividades opressivas em seu meio) e ativismo (colocar seus recursos e corpos para resistir ao racismo e à supremacia branca).

Onde **diversidade e libertação** se sobrepõem em (B.), você obtém acesso a novas perspectivas, está ativamente envolvido em causas sociais significativas, trabalha com terapeutas para lidar com a opressão internalizada e aprende a imaginar um tipo novo de mundo. Um dos ambientes em que a estrutura *diversidade-libertação* é mais evidente é nas redes sociais. Com intencionalidade, você faz a curadoria de um feed inteiro refletindo as histórias e experiências de pessoas que são diferentes de você (ou seja, diversidade). Nas redes sociais, você também pode encontrar inúmeras maneiras de se envolver no trabalho de ativismo, seja ligando para políticos eleitos, assinando petições, amplificando vozes por meio de postagens e hashtags ou doando dinheiro (ou seja, praticando a libertação).

O que costuma faltar na estrutura *diversidade-libertação* é uma conexão inter-racial autêntica. Uma coisa é postar #vidasnegrasimportam. Outra coisa é se sentar com pessoas Negras na vida real, ouvir as histórias delas, lutar com suas próprias narrativas e praticar a conversa sobre raça.

106 A LACUNA DA DIVERSIDADE

Com frequência me encontro em cenários em que parece que estou realmente "fazendo o trabalho", porque sou bem versada em múltiplas perspectivas e porque estou fazendo minha parte para acabar com a supremacia branca internalizada. E, no entanto, quando um colega de origem racial diferente quer ter uma conversa direta e pessoal sobre raça, política ou qualquer coisa potencialmente controversa, paraliso. Ou fico com raiva. Ou me fecho. Aprender a se engajar na complexidade dos relacionamentos reais é essencial; é um músculo que você tem que exercitar.

Onde **reconciliação e libertação** se sobrepõem em (C.), você tem acesso a muitos recursos culturais. Você se envolve com a história, tem conversas significativas e busca a transformação social. Onde reconciliação e libertação se sobrepõem, você não apenas aprende sobre diferentes perspectivas culturais, mas também consegue entender como os sistemas de opressão moldaram as histórias e narrativas de várias comunidades.

O que costuma faltar no espaço *reconciliação-libertação* é a capacidade de medir e acompanhar o progresso. A capacidade de definir metas com métricas claras é essencial para o progresso organizacional. Nos movimentos que mais moldam a cultura por justiça e libertação, o impacto duradouro vem de mudanças políticas calculadas e precisas. As planilhas são necessárias. Os painéis de diversidade são necessários. Um plano para mudar a política institucional é necessário. Todas essas atividades tornam nosso trabalho de reconciliação-libertação ainda mais dinâmico e sustentável.

Em um cenário ideal, você estaria no meio desse diagrama de Venn — no lugar onde a diversidade, a reconciliação e a libertação trabalham juntas para criar as culturas do futuro. Essa é uma cultura na qual a representatividade, a conexão autêntica, o crescimento pessoal e a mudança sistêmica são integrados às funções centrais de como você lidera e como sua organização opera. Aqui está um estudo de caso de uma organização que integra regularmente essas três estruturas.

> ● ● ● ● ● ●
>
> ## A diversidade, a reconciliação e a libertação trabalham juntas para criar as culturas do futuro.
>
> ● ● ● ● ● ●

Estudo de caso: Creative Reaction Lab

A Creative Reaction Lab, fundado por Antionette Carroll, é uma organização sem fins lucrativos com sede em St. Louis, Missouri, que existe para "educar, treinar e desafiar jovens Negros e Latinos (e aliados) a se tornarem líderes na criação de comunidades saudáveis e com equidade racial".[1] Minha primeira apresentação ao vivo à Creative Reaction Lab foi em uma oficina de imersão que a equipe dela organizou e da qual participei.

Antionette e equipe estavam na frente da criação de uma prática inovadora de *design thinking* chamada Equity-Centered Community Design [Design Comunitário Focado em Equidade, ECCD]. Nesse processo de *design thinking*, você aprende a entender seu usuário, projetar uma solução, fazer um protótipo rápido e obter retorno do usuário. O que diferencia o paradigma ECCD de outras metodologias de *design thinking* é que você também aprende a reconhecer, abordar e responder às desigualdades sociais presentes em qualquer problema de design. É uma mudança de paradigma notável, e eu queria aprender mais.

Em junho de 2019, a Creative Reaction Lab levou o ECCD para a estrada, oferecendo experiências imersivas de um fim de semana para ensinar a profissionais de todos os tipos os prós e contras de resolver desafios de design dessa maneira, focada na equidade. Viajei para Nova

108 A LACUNA DA DIVERSIDADE

York para participar e fiquei muito animada por estar em uma sala com tantas pessoas criativas, atenciosas e preocupadas com justiça.

Ao longo do fim de semana, aprendi novas informações de variados insumos de treinamento e ensino. Mas meus maiores aprendizados vieram apenas de experienciar os modos como Antionette e sua cofacilitadora, Hilary Sedovic, facilitaram o espaço. A seguir, minhas observações:

- No início da oficina, recebemos muito tempo e espaço para compartilhar, criticar e estabelecer acordos no grupo. Discutimos nossos limites e expectativas de comunicação, abordando problemas e usando a linguagem para dignificar as experiências de todos. Com quase cinquenta pessoas na sala, isso levou tempo. Mas cada voz teve a chance de ser ouvida.
- Durante a oficina, em tempo real, Hilary e Antionette alteravam os slides da apresentação para capturar e responder às ideias das pessoas na sala. Elas tinham um cronograma e nos diziam o que esperar ao longo do dia, mas tudo podia ser modificado à medida que novas necessidades e ideias surgiam. Elas demonstraram imensa flexibilidade e descentralizaram seu poder como facilitadoras.
- Se e quando algo prejudicial, excludente ou ofensivo acontecia durante nosso tempo juntos, Antionette e Hilary reconheciam o dano causado de forma rápida e pública, e aceitavam a responsabilidade por qualquer impacto negativo que tivessem. Em seguida, elas reparavam o dano, mudando o ambiente ou ajustando a apresentação. Priorizavam o impacto acima das boas intenções.
- Ao longo do fim de semana, elas normalizaram a discussão das complexidades e nuances da identidade. Era normal lembrar as pessoas dos pronomes corretos a serem usados. Era normal

discutir nossas experiências com o racismo, etarismo e capacitismo. Com regularidade, discutíamos o que nos fazia sentir vistos e incluídos ou rejeitados e excluídos. O perfeccionismo não era a prioridade. Ser visto, digno e ter espaço para contribuir de forma autêntica era o que mais importava.

- Por último, o ambiente era um espaço iterativo e em constante evolução. Honramos as experiências dos nossos corpos e os dos outros. Falamos abertamente sobre sistemas de opressão, dos privilégios que eles ofereciam a alguns, assim como das barreiras que criavam para outros. Pudemos crescer e mudar juntos. Não porque éramos todos iguais — definitivamente *não éramos*. Mas tivemos um grau de flexibilidade, intencionalidade e liberdade que eu não havia experienciado em um contexto organizacional desde então.

Essa oficina imersiva incorporou a aparência e a sensação de uma cultura do futuro.

Foi diversa: pessoas de várias identidades, tanto raciais e étnicas, quanto em termos de gênero, idade e habilidades.

Foi reconciliadora: relacionamentos autênticos foram cultivados por meio das diferenças.

Foi libertadora: o poder foi compartilhado, os danos foram reconhecidos e reparados, e as questões de injustiça social foram enfrentadas e respondidas.

COMPROMISSO A LONGO PRAZO

Há alguns anos, tive o privilégio de aprender com a dra. Darnisa Amante-Jackson. Ela é cofundadora e CEO do Disruptive Equity Education Project [Projeto de Educação em Equidade Disruptiva], também conhecido como DEEP. Como estrategista educacional e de

110 A LACUNA DA DIVERSIDADE

equidade racial (e professora de liderança em Harvard), a dra. Amante-Jackson é conhecida por orientar líderes e organizações em direção a uma maior equidade e transformação.

Ela me ensinou que — a partir do momento em que surge o desejo de buscar maior diversidade até o momento em que se tem uma organização onde a norma é praticar a reconciliação e a libertação — uma comunidade leva de 8 a 10 anos para ter uma mudança real. *De 8 a 10 anos.*

Este é um jogo longo. Para progredir, é necessário desenvolver novas habilidades e prioridades de liderança para levá-lo aonde sua organização precisa ir. A diversidade superficial não é mais suficiente. Florescimento e liberdade para todas as pessoas é a nova meta. Embora existam estratégias para empregar e experimentos para tentar, não há atalhos. Cabe a você entender como a opressão moldou sua cultura organizacional. Cabe a você aprender como sua equipe está navegando em um cenário social em constante evolução. Cabe a você se recusar a fazer negócios da mesma maneira de sempre. Cabe a você desaprender o velho e abraçar o novo.

A boa notícia é que você não está sozinho nessa jornada. Os próximos capítulos exploram novos valores a serem adotados, hábitos de vida pessoal a serem mudados e práticas organizacionais para ajudá-lo ao longo do caminho.

Precisa de ajuda para determinar qual estrutura é a principal em sua organização? No final deste livro, no Apêndice A, você encontrará a "Estrutura da diversidade para a libertação". Você pode implementar essa ferramenta não apenas para descobrir sua estrutura organizacional, mas também para aprender as estruturas dos membros de sua equipe.

Você também pode acessar a avaliação online em www.thediversitygap.com/assessment.

5

ABRACE A MUDANÇA CULTURAL

- *Ideia:* Você precisa adotar valores e comportamentos novos e mais libertadores se deseja que grupos diversos de pessoas floresçam enquanto o seguem.

- *Ação:* Pratique libertação; incorpore a mudança cultural.

O PODER DA CULTURA

Meu colega de trabalho e eu nos inscrevemos para participar de uma oficina sobre identificar racismo e transformar organizações.[1] Como amigos e membros da mesma equipe, estávamos comprometidos a aumentar nossa capacidade de confrontar e desfazer sistemas opressivos em nossa organização e no mundo.

Para começar essa experiência de aprendizado, os facilitadores pediram ao grupo que nomeasse as caraterísticas da cultura dominante nos Estados Unidos. Como é comum nesses grupos de experiência de aprendizado, começamos devagar, mas com constância. Por fim, as pessoas começaram a sugerir características:

Homem
Branco
Heterossexual
Cristão

112 A LACUNA DA DIVERSIDADE

De meia-idade
Casado
Cisgênero
Rico
Com educação formal

Conforme as pessoas nomeavam essas características, os facilitadores as anotavam em um grande pôster na frente da sala. Respirei fundo enquanto lia a lista. O fundador da organização em que eu trabalhava, e os fundadores de muitas outras organizações conduzidas por valores em meu meio, eram lideradas por pessoas que se encaixavam em todas essas características. Eu também fiquei chocada ao perceber que as pessoas com mais frequência consideradas "bem-sucedidas" na minha comunidade também se encaixavam em cada uma das características.

Perguntei-me: *Os líderes da minha rede têm sido mesmo as pessoas criativas, inspiradoras e talentosas que ouvi dizer que são, ou simplesmente incorporam o que nossa cultura mais valoriza?*

Se a cultura dominante nos Estados Unidos valoriza e celebra uma pessoa que incorpora aquela lista de características, então é claro que será mais fácil para elas criarem empresas e instituições sem fins lucrativos, escreverem livros, gravarem álbuns e serem eleitas para cargos políticos. Não é sobre *talento*, é sobre como a supremacia branca recompensa um certo tipo de ser humano.

Identificar esse padrão não é sobre envergonhar pessoas ou fazê-las se sentirem mal sobre quem são. Identificar esse padrão evidencia o poder da cultura em afirmar, validar e impulsionar algumas pessoas à frente enquanto ao mesmo tempo cria isolamento, barreiras e rejeições para outras.

A visão da cultura dominante não apenas cria desafios, alguns dos quais são de fato ameaçadores à vida das pessoas que não se encaixam nas características, ela também cria um padrão impossível de se alcançar para pessoas que *se encaixam* nelas. Há tantas histórias de homens Brancos sendo massacrados sob o peso da expectativa de liderar, salvar e mudar o mundo. Essa pressão cultural não serve a ninguém. Todos precisamos de libertação.

LIBERTAÇÃO DE QUÊ?

No capítulo 1, mergulhamos fundo no racismo e na cultura de supremacia branca. Esses são sistemas históricos que criam vantagens para pessoas de origem racial branca, às custas de pessoas racializadas. É desse sistema que precisamos nos libertar (ver Figura 3). Aqui estão sistemas de opressão que operam em várias instituições de caridade, conduzidas por valores.

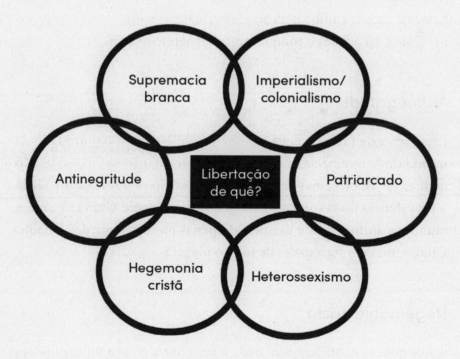

Figura 3.

Patriarcado

O patriarcado é um sistema histórico no qual os homens detêm a maior parte do poder social, político e econômico. É também um sistema do qual as mulheres são amplamente excluídas. Para vê-lo em funcionamento, pesquise quem detém a maioria dos cargos políticos, quem lidera a maioria das empresas, organizações sem fins lucrativos e igrejas, e quem possui mais dinheiro e recursos materiais nos Estados Unidos e no mundo.

Heterossexismo

Isto se refere a sistemas que negam, menosprezam ou rejeitam relacionamentos, atividades, identidades ou comportamentos não heterossexuais. Também dá amplas vantagens a orientações, relacionamentos, atividades e comportamentos heterossexuais.

Antinegritude

Esta forma de racismo nega a humanidade Negra. É o outro lado da moeda da "supremacia branca". Neste sistema, não só é considerado melhor ser Branco, mas também é considerado pior ser Negro. Dada a prevalência do colorismo e do privilégio da pele clara em todo o mundo, a antinegritude existe não apenas na sociedade dos Estados Unidos, mas em sociedades de todo o planeta.

Hegemonia cristã

A hegemonia cristã não tem nada a ver com a crença ou expressões individuais de espiritualidade. Na verdade, se refere às forças nas quais o Cristianismo, como uma religião dominante nos Estados Unidos e outros lugares, define padrões para quem "pertence" ali e quem não pertence.

Imperialismo e colonialismo

O imperialismo se refere à expansão do território via poder militar ou diplomacia. Inerente ao pensamento imperialista está um senso de direito de tomar posse de terras, pessoas e recursos. O imperialismo caminha de mãos dadas com o colonialismo porque este também é um sistema em que os poderosos lutam para substituir povos Indígenas por uma sociedade de colonos. Esse impulso imperial e colonizador pode ser visto na gentrificação de cidades e bairros, muitas vezes envolta em frases como "tomar novas terras", "desbravar novas fronteiras" e "abraçar o destino manifesto".

A interseccionalidade tem uma relevância especial diante desses sistemas sobrepostos. Com base em sua localização social (por exemplo, sua raça, etnia, gênero, habilidades, status militar etc.), você experimentará os privilégios ou barreiras de cada um desses sistemas de maneira diferente.

A cultura em geral, e sua cultura organizacional em particular, estão sempre trabalhando para manter ou destruir esses sistemas.

CULTURA ACIMA DE TUDO

A cultura compreende histórias, valores, comportamentos, artefatos, suposições e prioridades. É um poderoso veículo de transformação. Quando você articula valores, está fazendo escolhas claras sobre os comportamentos e prioridades de sua organização. Como descreve

116 A LACUNA DA DIVERSIDADE

Patrick Lencioni, um renomado líder empresarial, seus valores são outra maneira de expressar "como você se comporta".[2]

A cultura é fascinante não apenas nas formas tangíveis em que é expressa, nas histórias que as pessoas contam, nos valores que os líderes trazem e nos heróis que as comunidades celebram, mas também nos detalhes intangíveis. Cultura é essência — um sentimento, um saber e uma experiência. Quando você pensa na Disneylândia, uma sensação de magia vem à mente. Quando você pensa na Nike, pensa em excelência e alto desempenho. Até as cidades têm uma cultura: Nova York é diferente de Seattle, que é diferente de Chicago, que é diferente de Los Angeles. Desta forma, a cultura transmite identidade. É também um comunicador de quem pertence a uma determinada comunidade e quem não pertence.

Por mais que a cultura e seus vários atributos possam funcionar como um veículo para a mudança organizacional, também é a razão mais convincente para manter o status quo. Já ouvi inúmeros líderes dizerem: "Queremos buscar uma maior diversidade, mas não queremos comprometer quem somos". O que eles estão de fato dizendo é: "Valorizamos nossa cultura como ela é. Como podemos buscar a diversidade sem mudar muito?".

A boa notícia é que, se você já tem uma cultura definida e atraente (ou seja, valores claramente declarados, comportamentos reforçados por meio da celebração, histórias importantes que você conta repetidas vezes e frases de efeito para lembrar às pessoas quem você é e o que você faz), então é um bom começo. Ter uma cultura definida o ajudará a imaginar uma maneira diferente de funcionar ao mergulhar nos valores de uma cultura nova e libertadora.

A parte desafiadora é que, se sua organização e a cultura que você celebra vêm privilegiando um tipo de pessoa em detrimento de outras, então abraçar valores novos e mais libertadores exigirá mudanças fundamentais. Normalmente, os valores que você declarou não são os que impedem sua capacidade de criar uma cultura diversa e libertadora, mas sim os valores não declarados e presumidos que você traz para a mesa e estabelece como o normal. Os valores não declarados, presumidos e muitas vezes inconscientes que você carrega são aqueles com os quais você mais precisa lidar.

Uma maneira de começar a identificar a quem sua cultura serve atualmente é fazer algumas perguntas simples.

- Minha organização tem um membro da equipe, cliente ou membro da comunidade arquetípico? Se sim, como é essa pessoa?
- Quem celebramos como heróis em nossa cultura organizacional? Quem nós vilanizamos ou criticamos?
- Quem está representado nas histórias que contamos? Quem fica de fora?
- Quem escreve os valores e as mensagens-chave da nossa organização? De quem é a voz amplificada? De quem é a voz ignorada, silenciada ou não representada?

Responder a essas perguntas o ajudará a identificar quem sua cultura afirma mais e quem ela menos afirma.

VALORES DE UMA
CULTURA LIBERTADORA

Os valores são uma maneira útil de falar sobre cultura porque nos dão recipientes para engajamento, reflexão e prática. Para encontrar e analisar os valores de uma cultura libertadora, olhei além dos limites tradicionais da vida organizacional. Alguns desses valores são encontrados em nossas famílias ou comunidades religiosas. Alguns deles existem em torno de fogueiras e mesas de

118 A LACUNA DA DIVERSIDADE

jantar com amigos. Quando os valores levam à libertação em uma área da vida, há potencial para eles levarem à libertação também em nossas vidas organizacionais.

Cada valor listado abaixo inclui uma descrição, uma ou duas histórias e algumas práticas que você pode fazer para tornar o valor mais pessoal. Pode parecer contraintuitivo considerar esses valores em seu contexto de trabalho e liderança, ou pular da leitura sobre um novo valor para pensar de imediato em como colocá-lo em prática. Não se distraia apenas pensando nesses valores; eles serão tão úteis quanto sua capacidade de praticá-los. Enquanto lê, anote um ou dois valores que gostaria de experimentar primeiro.

1. Incorporação

Respire fundo. Sinta o ar encher seus pulmões. Coloque a mão na barriga, sinta-a subir e descer enquanto respira outra vez. Sua vida e sua liderança vivem em seu corpo — nesta coisa física, essa criatura que tem odores, exige alta manutenção e diz "por favor, me alimente".

Quando comecei a trabalhar com um coach executivo, uma de minhas primeiras descobertas foi como eu havia sido impaciente e hostil em relação ao meu corpo. Eu via meu corpo como uma mercadoria, valorizando-o apenas pelo que ele poderia produzir para mim. Eu passava dias sem comer direito. Era raro que parasse e buscasse garantir estar dando a ele oxigênio suficiente por meio da minha respiração. Eu não amava ou honrava meu corpo pelo lar, recipiente e companheiro de confiança que ele tem sido para mim todos esses anos.

A incorporação é a prática contínua de ver, honrar e celebrar a presença de nossos corpos físicos. Não podemos dignificar os corpos e as vivências dos outros se não cultivamos um sentimento de apreciação por nossos próprios corpos e experiências.

Faça: Incorporação

- Defina seus horários de acordo com as necessidades do seu corpo (comida, água, descanso etc.).
- Reserve um momento no começo das reuniões para que as pessoas respirem fundo e experimentem o prazer de estarem vivas.
- Faça uma pausa no meio das reuniões para aqueles que podem se levantar e se alongar.
- Reserve pausas durante as reuniões de forma a honrar as necessidades das pessoas de usar o banheiro e/ou pegar água ou um lanche.
- Celebre quando pessoas tirarem dias de folga para cuidar de seus corpos por conta de doenças, necessidades físicas ou exaustão no geral.

Incorporação é um valor libertador porque afirma a bondade e a dignidade de todos os corpos. Também honra os limites do corpo ao resistir a culturas opressivas de extração, mercantilização e exploração.

2. Compartilhar poder

As estruturas tradicionais de liderança são hierárquicas. Há uma figura de autoridade clara e uma cadeia de comando designada. Essa estrutura de liderança é altamente normalizada e questionar essa estrutura pode ser desconfortável. Mas e se houver formas mais colaborativas de compartilhar poder e liderança?

Uma vez, entrevistei uma querida amiga, Kelly. Na época, ela trabalhava para uma organização sem fins lucrativos de educação cuja missão era fortalecer o bem-estar emocional dos professores. Enquanto Kelly falava sobre a estrutura dessa organização, descobri

120 A LACUNA DA DIVERSIDADE

que não era uma hierarquia, mas uma *holacracia*. A holacracia é uma estrutura descentralizada de gestão e tomada de decisão. Os membros não são "funcionários", mas "parceiros". Cada parceiro conhece seus objetivos e, se esses objetivos não forem alcançados, são discutidos entre o grupo. Dessa forma, essa equipe de cerca de quinze pessoas havia cultivado um alto grau de confiança. Além disso, Kelly (que é uma mulher Indígena) compartilhou como a cultura dessa equipe criou espaço para que ela encontrasse sua voz e tivesse suas ideias. Compartilhar o poder equaliza as oportunidades de influência. Também abre espaço para novas vozes e perspectivas para moldar a cultura de uma organização.

• • • ● • • •

Compartilhar poder equaliza oportunidades de influência.

• • • ● • • •

Faça: Compartilhar poder

- Pague a todos da sua equipe o mesmo salário; nenhuma posição é mais importante ou mais valiosa que outra.
- Cultive grupos de prestação de contas, em que cada membro da equipe sabe dos objetivos e responsabilidades dos outros.
- Priorize objetivos específicos (como projetos finalizados e objetivos alcançados) em vez de indicadores de trabalho menos tangíveis (como quantas horas são passadas no escritório).

ABRACE A MUDANÇA CULTURAL **121**

- Dê às pessoas liberdade e recursos para testarem sozinhas novas ideias e projetos, em vez de fazer as coisas do *seu* jeito.
- Crie uma equipe de liderança não hierárquica com 3 a 5 pessoas, entre as quais a tomada de decisão seja de fato um empenho compartilhado.

Compartilhar poder é um valor libertador porque é oposto ao valor da cultura de supremacia branca e do acúmulo de poder. Compartilhar poder indica a confiança de uma pessoa na abundância de recursos disponível em cada cenário.

3. Prática acima da perfeição

Este valor tem tudo a ver com abraçar o risco e a prática da mudança. Muitas vezes, os líderes têm medo de "errar". Eles temem dizer a coisa errada, fazer a coisa errada, selecionar o treinamento errado, contratar a pessoa errada. A lista é infinita. Esse medo do fracasso e o desejo de fazer a diversidade funcionar de forma perfeita e sem sacrifícios é paralisante. Quando você abraça a prática acima da perfeição, o medo de errar não o impede de buscar o que é certo. Ao escolher a prática acima da perfeição, você está admitindo: "Eu não sei tudo; tenho certeza de que vou errar em muitas coisas, mas estou aqui. Vou correr o risco para melhorar ".

É uma postura de humildade, de entrega, de abertura a comentários e de experimentação. Esse valor reconhece que nenhum de nós apenas "chega" a um lugar que seja livre. Em vez disso, escolhemos permanecer no caminho.

Faça: Prática acima da perfeição

- Pergunte à sua equipe, pessoalmente ou por meio de pesquisa anônima, quais lacunas de diversidade eles veem e como acham que sua organização pode resolvê-los.

122 A LACUNA DA DIVERSIDADE

- Encontre uma maneira de se envolver em uma comunidade diferente da sua, onde você esteja como aprendiz, não como especialista ou líder.
- Converse com um amigo ou ente querido sobre um momento em que você disse ou fez a coisa errada. Discuta como você faria diferente se tivesse a oportunidade.
- Selecione um dos sistemas de opressão descritos acima e dedique um ano para aprender mais sobre como ele funciona.
- Quando confrontado por dizer ou fazer a coisa errada, reconheça o feedback, aceite a responsabilidade pelo seu impacto e aprenda com os prejudicados o que seria necessário para reparar o dano.

A prática acima da perfeição é um valor libertador porque é uma contra-narrativa ao perfeccionismo que afeta muitas culturas organizacionais. É fundamentalmente convidativo e abre espaço para a complexidade da experiência humana.

4. Assumir a responsabilidade

Responsabilidade diz respeito a consequências e recompensas. Consequências e recompensas determinam as escolhas que são feitas todos os dias. Coloco ou não o cinto de segurança? Vou trabalhar hoje ou não? Eu como isso ou aquilo? Digo isto ou digo aquilo? Estamos sempre pesando custos e benefícios.

Trabalhando com organizações, descubro que muitas pessoas já possuem as informações de que precisam para fazer mudanças. O que falta é incentivo. Nesses cenários, permanecer igual é mais valorizado do que as recompensas da mudança. Isso é especialmente verdade para aqueles que se beneficiam de sistemas exploradores, opressivos ou extrativistas.

Assumir a responsabilidade força um ajuste.

Faça: Assumir a responsabilidade

- Ao definir metas de diversidade, determine "comemorações" para as metas que alcançar e "correções de curso" para as metas que não alcançar. Atualize regularmente sua equipe e comunidade sobre seu progresso.
- Construa uma força-tarefa de diversidade cuja responsabilidade é manter as metas de diversidade integradas e no caminho certo (mais sobre esse assunto nos próximos capítulos).
- Comprometa-se com um ou dois relacionamentos com colegas, com quem você intencionalmente aprenda sobre sistemas de opressão e pratique a libertação juntos.
- Quando receber um feedback difícil, anote-o e escolha um momento futuro para segui-lo.
- Pratique honestidade e transparência radicais, resistindo à tentação de fazer os fatos parecerem melhores do que são.

Assumir a responsabilidade é um valor libertador porque cria equilíbrio; ele cria um caminho para lidar com os danos dentro da organização e desafiar a liderança a oferecer mais do que apenas elogios ao seu desejo de mudança.

5. Autenticidade emocional

Diante da ênfase excessiva na produtividade, presente em muitas culturas coorporativas, principalmente aquelas no mundo das startups, há uma tendência a minimizar ou ignorar a presença das emoções. Elas são vistas como irrelevantes ou ineficientes. É tentador forçar o dia a seguir, prestando pouca atenção aos sentimentos experimentados.

Durante momentos de crise racial, suprimir a emoção autêntica é debilitante. Esconder ou suprimir emoções autênticas também cria

124 A LACUNA DA DIVERSIDADE

uma cultura de desonestidade. Você não pode construir confiança sobre uma base feita de inúmeras pequenas mentiras.

A autenticidade emocional torna as interações honestas possíveis. Estar ciente, e ser sincero, sobre como nos sentimos nos ajuda a construir confiança e estabelecer limites apropriados. Essas habilidades são essenciais ao abordar tópicos contenciosos ou dinâmicas opressivas no ambiente de trabalho.[3]

Faça: Autenticidade emocional

- Antes, durante e depois de conversas sobre raça ou outros tópicos controversos, use uma roda de sentimentos para ajudar as pessoas a articularem suas experiências.
- Mantenha um diário para aumentar a autoconsciência emocional.
- Pratique atenção plena e meditação (há aplicativos ótimos para isso).
- Identifique um ou dois colegas com quem você pode ser transparente e autorreflexivo.
- Quando surgirem emoções fortes e difíceis, dê um passeio ou mova seu corpo de alguma forma. *As emoções precisam de movimento*, e um pouco de movimento ajuda bastante.

A autenticidade emocional é um valor libertador porque desafia os valores culturais da supremacia branca de urgência e objetividade. Também abre espaço para uma diversidade de expressões culturais e estilos de comunicação.

6. Desapegar do status de especialista

Ser um líder, principalmente *o* líder, pode criar um ego elevado. É bom estar no comando, ser o dono da decisão final, a pessoa com quem

ABRACE A MUDANÇA CULTURAL **125**

contar, o especialista na sala. É bom ser a pessoa que os outros buscam por conselho, direção e orientação.

No entanto, se atualmente você está liderando em um contexto onde o status quo não é diverso, inclusivo ou libertador, então seu convite é a desapegar do status de especialista. Você está convidado a entregar a liderança àqueles que sabem o caminho para um futuro mais libertador.

Essa mudança de "especialista, líder" para "iniciante, seguidor" pode ser custosa para você, especialmente se foi afirmado e preparado para a liderança durante toda a vida. Se você está acostumado a ambientes que te atendem, é criado um despertar brusco quando você não é mais aquele que detém as respostas. Se você se beneficiou de sistemas de opressão, não conseguirá conduzir à libertação. Pode seguir e praticar a incorporação dos valores da libertação, mas não pode estar no comando.

Praticar a libertação exigirá que você desapegue do status de especialista. Você tem que abraçar um certo grau de autodúvida. Tem que suspender a confiança inquestionável em seus instintos de liderança, em especial se esses instintos foram formados dentro de um espaço social privilegiado.

• • • ● • •

Praticar a libertação exigirá que você desapegue do status de especialista.

• • • ● • •

126 A LACUNA DA DIVERSIDADE

Faça: Desapegar do status de especialista

- Participe de oficinas ou treinamentos antirracismo e experimente o desconforto de não ser o líder da sala.
- Presuma que você não sabe o que é melhor e peça ajuda.
- Resista à tentação de corrigir ou ajustar as pessoas de sua equipe quando elas estão apenas liderando ou realizando tarefas de maneira diferente da sua.
- Ao convidar palestrantes para ensinar você e sua equipe sobre raça, racismo e diversidade, não peça que eles regulem o tom da mensagem. Aprenda com os outros como eles são.
- Encontre consistentemente maneiras de seguir a liderança e a orientação de mulheres Negras e ativistas em tempo real. (Exemplo: se você hesitou em dizer "Vidas Negras Importam" em 2015, mas disse rápido em 2020, saiba que estava atrasado. Sendo assim, o que os ativistas estão pedindo para você fazer agora, neste momento? Faça essas coisas, mesmo que o tirem de sua zona de conforto.)

Desapegar do status de especialista é um valor de culturas libertadoras, porque é uma resistência ao paternalismo, valor cultural da supremacia branca. Também convida a uma grande inversão de papéis, em que aqueles que foram historicamente marginalizados *lideram* e aqueles que foram historicamente privilegiados *seguem*.

7. Dor e lamentação

Nossa ampla cultura social valoriza a positividade, o triunfo e as boas energias. Estamos condicionados a acreditar que sentimentos como tristeza, desespero e raiva devem ser evitados a todo custo. Não temos muito espaço para desgosto, lamentação e tristeza. Ao passar por essas coisas, fomos ensinados a navegar sozinhos nessas águas. Poucos de nós sabem como estar em lugares sombrios uns com os outros. Poucos de nós sabem reconhecer raiva ou expressar tristeza. Há uma pressão muito real para "se consertar", e rápido. Quando o otimismo é o padrão, avançamos porque "temos trabalho a fazer".

Uma das experiências mais frustrantes e recorrentes de ser a "garota Negra em uma equipe toda branca" que tive foi ser instruída a "ter esperança". É ofensivo quando pessoas que nunca experimentaram o trauma, a exaustão e o legado secular do racismo me dizem para ser esperançosa. É diferente quando um colega Negro, principalmente uma pessoa mais velha, uma tia ou avó, me diz para ter esperança. Elas não estão falando de um lugar de desconforto com a minha raiva. Estão falando de um poço profundo de amor e experiência. Quando o dr. Martin Luther King Jr. ou a lenda dos direitos civis John Lewis chamaram as pessoas Negras à esperança, o fizeram na agonia das ruas manchadas de sangue onde eles lutaram com unhas e dentes pela liberdade. Não foi do conforto e posto alto de poder e privilégio.

Quando alguém que nunca passou por racismo me diz para ter esperança, aprendi que isso tem pouco a ver comigo e tudo a ver com seu desconforto com a realidade do racismo e da opressão sistêmica. Eu entendo. Eles não querem acreditar que as coisas são tão ruins quanto de fato são. No entanto, quando saltamos para a "esperança" sem caminhar pelo vale da sombra da morte, nossa esperança é fraca. Não atende comunidades marginalizadas. No melhor dos casos, é um bálsamo para aliviar nossa consciência. A esperança barata, uma esperança sem custos, não nos liberta.

Se quisermos criar culturas organizacionais libertadoras, espaços onde nossas equipes sejam capacitadas e equipadas para participar da reimaginação da sociedade, devemos ser amigos de nossa dor. Devemos praticar a lamentação. Devemos resistir à tentação de nos sentirmos bem rápido demais. E certamente devemos parar de dizer

128 A LACUNA DA DIVERSIDADE

às pessoas que tenham esperança quando não vivemos a dor e as perdas de sua experiência.

Faça: Dor e lamentação

- Avalie seu nível de conforto pessoal com emoções difíceis, como tristeza, desespero e raiva.
- Quando crises raciais ocorrerem, em âmbito pessoal ou social, dê momentos de silêncio para sua equipe.
- Crie um orçamento para cobrir o custo da terapia de membros da equipe, principalmente aqueles que sofrem de traumas e danos raciais.
- Grandes problemas sociais não serão completamente resolvidos em nossa vida. Abrace a dolorosa impotência desse fato.
- Siga a liderança de comunidades racializadas que defendem sua libertação há séculos. Eles estão nos ensinando como é a verdadeira esperança.

A dor e a lamentação são valores libertadores porque abrem espaço para a plenitude de nossa humanidade. Eles também validam as dolorosas experiências de opressão que pessoas racializadas e outros grupos marginalizados vivenciam regularmente.

8. Centralizar pessoas marginalizadas

Os mais impactados por um problema são aqueles que sabem melhor como resolvê-lo. Eles são os especialistas. Eles têm as melhores observações, experiências e perspectivas sobre os problemas em questão. Aqueles que foram excluídos têm a consciência mais aguçada sobre o que é necessário para tornar a inclusão real.

Ao centralizar as perspectivas marginalizadas, você é desafiado a abraçar a "diversidade de pensamento" em um nível totalmente novo. Só porque duas pessoas compartilham uma identidade racial não significa que elas pensam igual. Nenhuma comunidade é um monólito. Porém, muitas vezes, enquanto criamos espaço para que pessoas Brancas sejam totalmente individualizadas e únicas, tendemos a assumir que todas as pessoas Negras ou todas as Asiáticas ou Latinas são iguais.

Como seria centralizar as experiências daqueles que foram excluídos do acesso ao poder, liderança e influência em sua organização? Como fazer isso de forma digna, honrando a rica diversidade de nossa humanidade?

Sim, isso trará mais pensadores. Sim, levará mais tempo para tomar decisões. Sim, construir consenso pode causar a impressão de que as coisas estão piorando antes de melhorar. Mas este é o trabalho de inclusão. Sempre foi mais eficiente ter poucos tomadores de decisão que passam por cima de todos os outros. Centralizar pessoas marginalizadas requer uma nova maneira de ser. A cultura de supremacia branca diz: "Não temos tempo para isso". A cultura de libertação diz: "Não podemos avançar sem isso".

Faça: Centralizar pessoas marginalizadas

- Não tome decisões sobre pessoas quando elas não puderem participar dessas decisões.
- Encontre e leia livros de memórias. Você não precisa ser amigo de pessoas de origens diferentes da sua para aprender sobre as experiências delas.
- Crie oportunidades seguras para que minorias (raciais, étnicas, de gênero etc.) façam comentários sinceros sobre como é estar em sua equipe.
- Ao ouvir histórias difíceis de pessoas marginalizadas em seu meio, acredite nelas.

- Se houver pessoas de vários grupos minoritários em sua organização que assumiram um papel informal de "liderança da diversidade", pague-as. Sério. É um trabalho extra. É um trabalho pesado. Dignifique o trabalho delas com pagamento.

Centralizar pessoas marginalizadas é um valor libertador porque amplifica a diversidade, a criatividade e a liderança encontradas em grupos e comunidades historicamente marginalizados.

9. Reparações

Sendo sincera, me sinto lamentavelmente desqualificada para escrever sobre reparações de maneira substancial. Não estudei economia e, embora conheça um pouco de história, não consigo me lembrar de todos os detalhes em um piscar de olhos. Aqui está o que sei: se vamos criar culturas libertadoras, temos que nos comprometer com o reparo dos danos. Não basta se sentir mal. Não basta pedir desculpas. Reparar o dano é fazer o que for preciso para consertar as coisas, muitas vezes com algum nível de custo para quem infligiu o dano.

Muitas pessoas brilhantes defenderam reparações econômicas em larga escala para pessoas Negras. Ta-Nehisi Coates e Nikole Hannah Jones são duas vozes que me vêm à mente. A pessoa comum, embora tenha o privilégio de eleger pessoas a cargos públicos e defender as políticas que valoriza, provavelmente não terá a palavra final sobre se o país pagará ou não indenizações àqueles que foram explorados ao longo do tempo. Mas têm a oportunidade de assumir responsabilidade sobre como seus privilégios criam barreiras para os outros. Você também tem a oportunidade, nos momentos em que causa danos, de assumir isso de forma rápida e pública.

Faça: Reparações

- Pesquise o caso de reparações econômicas em seu país.
- Crie um fundo de reparações ou um orçamento para isso. Quando você ou alguém de sua equipe fizer algo prejudicial, crie um processo para pagar a pessoa que foi prejudicada.
  Nota #1: Não é você quem decide o que é considerado prejudicial ou não. Não é sobre suas intenções. É sobre o seu impacto.
  Nota #2: Isso não é caridade. É um ato dignificante de justiça.
- Quando você disser ou fizer algo errado, assuma rapidamente.
- Quando você disser ou fizer algo errado publicamente, assuma rápida e publicamente.
- Escolha a prática acima da perfeição aqui. Não é uma ciência; é uma jornada contínua e altamente relacional.

A reparação é um valor de uma cultura libertadora porque é uma forma tangível de corrigir os erros da história, em escala macro e micro. Como a perfeição não é possível, as reparações são uma oportunidade para resistir a um status quo opressivo e imaginar um novo caminho a seguir.

10. Imaginação

"Sem o poder da imaginação, não podemos imaginar um passado, presente e futuro diferentes. O que não podemos imaginar, não podemos viver nem lutar para alcançar."

— Kwok Pui-lan, teóloga e autora de
Postcolonial Imagination and Feminist Theology
[Imaginação pós-colonial e teoria feminista]

Como seria para sua equipe refletir a demografia da comunidade a que vocês servem? Como seria para o seu conselho de diretores ser

132 A LACUNA DA DIVERSIDADE

preenchido com jovens e pessoas mais velhas, ricos e pobres, homens e mulheres e pessoas de origens raciais e étnicas variadas? Como seria para você não ser mais o chefe ou o líder, e emprestar seus dons e energia para investir no trabalho visionário de alguém diferente de si?

Responder a essas perguntas requer imaginação. É preciso coragem para voltar no tempo e reaprender a história. É necessário um confronto honesto e difícil com nossas realidades sociais atuais e histórias de origem. É necessário colaboração, criatividade e tenacidade para abrir caminhos para um novo futuro. É preciso vislumbrar futuros radicalmente diferentes para seu trabalho, sua equipe e as instituições que você lidera.

Faça: Imaginação

- Escolha um dos valores desta lista e reserve 5 minutos para registrar como seria incorporá-lo consistentemente.
- Pegue notas adesivas (sozinho ou com sua equipe) e tire sessenta segundos para gerar o máximo de respostas que puder para esta pergunta: "Como seria uma cultura libertadora em nossa empresa?".
- Defina uma meta aparentemente estranha para alcançar a diversidade representativa de sua equipe. O que precisaria mudar para tornar esse objetivo uma realidade?
- Encontre uma ou duas organizações cuja expressão de diversidade, reconciliação e libertação você admira. Entreviste uma pessoa da equipe para ver como eles chegaram lá.
- Pegue um pedaço de papel em branco e esboce como você espera que seja o futuro de sua organização e seu impacto.

A imaginação é um valor de uma cultura libertadora porque desafia o status quo de todo sistema de opressão que disseram ser "apenas como as coisas são". A imaginação é fundamentalmente empoderadora e produtiva. A imaginação nos lembra que tudo é possível.

Faça um levantamento

Tire um momento para avaliar quais desses valores você já vê em funcionamento na sua liderança e organização.

Preencha a seguir:

Valor	Dentro de mim	Dentro da minha organização
Incorporação		
Compartilhar poder		
Prática acima da perfeição		
Assumir a responsabilidade		
Autenticidade emocional		
Desapegar do status de especialista		
Dor e lamentação		
Centralizar pessoas marginalizadas		
Reparações		
Imaginação		

Pela transparência, a seguir está como eu preencheria a tabela para mim e minha organização, no momento da escrita deste livro.

Valor	Dentro de mim	Dentro da minha organização
Incorporação	X	X
Compartilhar poder		
Prática acima da perfeição	X	X
Assumir a responsabilidade		
Autenticidade emocional	X	

134 A LACUNA DA DIVERSIDADE

Valor	Dentro de mim	Dentro da minha organização
Desapegar do status de especialista		
Dor e lamentação	X	
Centralizar pessoas marginalizadas	X	X
Reparações		
Imaginação		X

Como no caso de qualquer cultura e conjunto de valores, muitos desses valores se sobrepõe e interconectam. Por exemplo, há laços fortes entre incorporação e autenticidade emocional. Falando de organizações, há uma forte conexão entre assumir a responsabilidade e reparações.

Você precisa ser uma pessoa racializada para colocar esses valores em prática? Não. Este trabalho, embora seja diferente para cada um, está disponível para todos.

Você precisa de uma equipe racialmente diversa para colocar esses valores em prática? Não. Pelo menos não a princípio. Você pode fazer o trabalho interno para cultivar uma cultura inclusiva e dignificante antes que tipos diferentes de pessoas possam chegar.

Contextualizando esses valores

Vamos revisitar as histórias do capítulo 1 (a conferência, o protesto do bairro e a interação com meu mentor) e considerar como o emprego desses valores novos e mais libertadores poderia mudar os resultados. Este exercício, por si só, é de imaginação.

A conferência. Os resultados da conferência poderiam ter sido diferentes se houvesse *poder compartilhado.*

ABRACE A MUDANÇA CULTURAL   135

O objetivo de compartilhar poder é criar ambientes onde diferentes tipos de pessoas possam tomar decisões, criar mensagens, compartilhar ideias e efetuar mudanças. Compartilhar o poder equaliza as oportunidades de influência. No caso do evento, o poder de compartilhamento poderia ter acontecido da seguinte forma:

- Produzir o evento com uma organização parceira de forma que as responsabilidades pelo planejamento do evento e curadoria de conteúdo fossem compartilhadas.
- Abrir a agenda para alocar mais tempo para os líderes não Brancos compartilharem seus conhecimentos individualmente, em vez de reunir todos eles em um único painel.

Compartilhar o poder não é sobre parecer diverso e politicamente correto. É o que acontece quando você acredita no impacto coletivo. Compartilhar o poder é uma expressão da necessidade das vozes, perspectivas e dons uns dos outros. É afirmar que somos melhores juntos.

O protesto do bairro. Neste caso, *assumir a responsabilidade* poderia ter fortalecido ainda mais o trabalho de ativismo.

Assumir a responsabilidade mantém as pessoas no padrão de continuar trabalhando pela justiça, mesmo quando o problema não está mais nas manchetes. Causa as perguntas: "O que vem a seguir? Qual é a aparência do progresso? Como podemos corrigir o curso e permanecer engajados quando buscar a libertação não for mais a coisa legal a se fazer?".

Para uma comunidade de bairro que deseja ser proativa em relação à justiça racial, a responsabilidade pode acontecer da seguinte forma:

- Definir uma área específica para trabalhar pela justiça racial por pelo menos um ano. A área pode ser a legislação habitacional, a brutalidade policial ou o sistema educacional local, por exemplo.

136 A LACUNA DA DIVERSIDADE

- Encontrar uma organização parceira trabalhando para resolver uma injustiça racial específica e se juntar a ela (seguindo, não liderando).
- Estabelecer um ritmo semanal, quinzenal ou mensal de convocação para criar o impulso de trabalhar pela justiça racial.
- Estar aberto aos comentários quando confrontado sobre as maneiras pelas quais o privilégio impede as pessoas bem-intencionadas de se manterem no caminho certo.

A interação com meu mentor. Os valores mais úteis e libertadores que meu mentor poderia ter incorporado são *centralizar perspectivas marginalizadas* e *desapegar do status de especialista.*

Se ele tivesse colocado esses dois valores em prática, a postura dele em relação aos meus esforços antirracistas teria sido menos: "Faça do meu jeito porque o seu caminho não fará você ter sucesso...", e mais: "Precisamos da sua perspectiva e voz. Obrigado por se comunicar de forma tão honesta. Conte mais. O que você vê?". Essa mudança teria sido pessoalmente benéfica para mim. Também teria estabelecido uma norma de valorizar, em vez de temer, perspectivas marginalizadas variadas. Criar espaço para que vozes diversas floresçam, bem como para que um feedback honesto sobre o racismo seja ouvido e abordado, ajuda muito na criação de uma organização diversificada.[4]

NOVOS VALORES, NOVA CULTURA

Buscar a diversidade racial e étnica e adotar valores novos e mais libertadores é fundamentalmente um trabalho humano. Faz bagunça. Qualquer um que diga que há uma fórmula, que é linear e baseada apenas em conhecimento está mentindo. Praticar os valores de uma cultura libertadora, especialmente enquanto organizações e equipes, lida com pessoas reais, histórias reais, valores reais, política real, dor real e possibilidades reais.

Este trabalho é sobre pessoas. Trata-se de criar ambientes onde a dignidade seja afirmada e a humanidade seja celebrada.

Resumindo, você precisa adotar valores e comportamentos novos e mais libertadores se quiser que grupos diversos de pessoas floresçam à medida que o seguem. A opressão sistêmica é reforçada pela cultura social e organizacional. Praticar novos valores é uma das melhores maneiras de romper a opressão sistêmica e os danos que ela causa. Não subestime a importância de colocar novos valores para trabalhar em sua liderança. Abrace a mudança cultural.

6

DIVERSIFIQUE SUA VIDA

- *Ideia:* Sua habilidade de cultivar uma vida pessoal diversa está diretamente ligada à sua habilidade de liderar um time diverso.

- *Ação:* Resista ao racismo e busque diversidade em cada área da sua vida.

UMA HISTÓRIA SOBRE DUAS CULTURAS DE LIDERANÇA

Era meu primeiro dia conduzindo pesquisas para um novo projeto sobre cultura organizacional e diversidade. Para me preparar, confirmei 2 entrevistas: um grupo focal de manhã com duas mulheres Negras que trabalhavam para uma organização internacional de desenvolvimento sem fins lucrativos, e uma entrevista à tarde com uma mulher Negra que trabalhava para uma firma de arquitetura.

Fui a um escritório corporativo no centro de Atlanta para o grupo focal. Enquanto buscava uma vaga no estacionamento, o tamanho robusto da organização ficou evidente. Meu lado cínico estava pensando: *Como uma instituição com centenas de funcionários conseguiu acertar na criação de uma cultura diversa e libertadora? É muita gente para acompanhar!*

Entrei no prédio, fiz check-in na recepção e me acomodei em uma sala de conferências para a conversa. Peguei meu gravador e caderno de anotações. Assim que as entrevistadas chegaram, começamos a trabalhar.

140 A LACUNA DA DIVERSIDADE

Comecei com algumas perguntas leves, abordando tópicos como: "Quem é você?", "O que você faz aqui?", "O que você ama no seu trabalho?". Conforme a conversa fluía, nos voltamos para discussões sobre diversidade, injustiça sistêmica e muito mais. Devido à natureza do trabalho delas (desenvolvimento internacional), sua equipe discutia regularmente questões de acesso, poder e narrativas. As entrevistadas não hesitaram em compartilhar sobre as lacunas na representação diversificada do conselho e da liderança executiva. Elas também falaram com transparência sobre os jogos de poder envolvidos na gestão da estratégia de diversidade e inclusão da organização.

Conforme a conversa se aproximava do fim, perguntei de forma mais explícita sobre suas experiências diárias de pertencimento, engajamento e cultura de equipe. Foi então que me pegaram desprevenida. Apesar dos muitos desafios organizacionais que a organização sem fins lucrativos delas estava enfrentando, relacionados à equidade e diversidade racial em larga escala, no final da maior parte dos dias elas saíam do escritório sentindo-se ouvidas, exaltadas, vistas e apoiadas.

Estas são as palavras exatas que elas usaram:

Ouvida.
Exaltada.
Vista.
Apoiada.

Fiquei o mesmo tempo encantada e chocada.

Uma das mulheres até disse: "Como posso ser eu mesma aqui, consigo trazer o meu melhor ao trabalho que faço".

Nossa conversa terminou, e elas me acompanharam até o estacionamento. Enquanto nos despedíamos, pensei: *Talvez o problema não seja tão ruim quanto pensei. Talvez a maioria das organizações esteja mais à frente em diversidade racial e trabalho de libertação do que pensei.*

DIVERSIFIQUE SUA VIDA **141**

Algumas horas depois, fiz a entrevista da tarde.

Esta entrevista foi com uma mulher Negra que trabalhava para um escritório de arquitetura todo branco e masculino. Segui a mesma linha de perguntas da minha conversa matinal, passando de conversa casual para questões de estratégia de diversidade em toda a empresa e, por fim, para perguntas pessoais sobre sua experiência de trabalho diária.

Ao longo de nossa entrevista, ela soava esgotada, sem esperança e derrotada.

Fiz minha penúltima pergunta:

— Você pode ser você mesma no trabalho?

A resposta foi clara e objetiva.

— Não. De jeito nenhum. E digo isso com bastante ênfase. Não me causa estresse nem nada. Agora, mudar o jeito como falo já é algo arraigado.

Ela parou por um momento e continuou:

— Sou uma líder natural, com uma personalidade muito dominante. Mas não quero ser vista como uma pessoa Negra agressiva. Então, não posso ser eu mesma. Como mulher, tenho que fazer as coisas parecerem uma sugestão em vez de uma ordem direta. Eu sempre tenho que desempenhar esse papel de mediadora entre partes conflitantes. É frustrante. Nunca posso ser eu mesma. Nunca posso desabafar com meus colegas de trabalho, especialmente se questões raciais estiverem em evidência no noticiário. Não tenho colegas Negros, porque a empresa é muito pequena. Sou a única mulher e a única pessoa Negra. Isso pode se tornar exaustivo e mentalmente desgastante.

As palavras dela me atingiram bem no peito. Em especial a parte "mentalmente desgastante". Uma coisa é apenas ir para um emprego estressante todos os dias. Uma experiência diferente é ir trabalhar e desempenhar a sua função, enquanto também navega em um ambiente cultural que claramente não foi projetado para você.

Respirei fundo e fiz minha pergunta final:

142   A LACUNA DA DIVERSIDADE

— Você acha que essas variadas lacunas de diversidade podem ser fechadas em seu setor?

Ela respondeu:

— Não, não sem grandes, grandes mudanças.

O impacto de um líder intencional

Enquanto revisava minhas anotações, analisei os dois cenários. Que fatores levaram para experiências de trabalho tão diferentes, principalmente na questão da diversidade racial?

Essas três mulheres tinham muito em comum. Não apenas tinham educação superior, mas diplomas avançados. Cada uma, em diferentes partes da conversa, fez referência a ter redes pessoais de amigos e família amorosos. Todas tinham pelo menos 5 anos de experiência em seus respectivos ramos. Elas encontraram o caminho em suas indústrias ao seguir paixões e habilidades. De maneiras diferentes, cada uma investiu muito tempo, energia e dinheiro no avanço de suas carreiras.

No entanto, quando se tratava das experiências diárias de empoderamento e inclusão no ambiente de trabalho, elas tinham histórias bem diferentes para contar.

Ao analisar as transcrições, fiz uma descoberta significativa. As duas mulheres que entrevistei pela manhã ligavam as experiências positivas no ambiente de trabalho a uma pessoa: à supervisora delas. Elas falaram várias vezes dessa pessoa incrível, uma mulher que não compartilhava a identidade racial delas (ela era uma mulher Branca), mas que tinha se esforçado para criar uma cultura em que a inclusão e a diversidade racial fossem a norma. Elas falaram sobre como ela entendia a própria identidade racial, como trabalhou duro para conhecer os efeitos da opressão sistêmica em todos os membros da equipe (tanto pessoas Brancas como não Brancas) e como usou a posição dela para defender a mudança da organização.

Fiquei inspirada. Quem diria que uma líder poderia fazer tanta diferença? Quem diria que um pouco de intencionalidade poderia causar tanto avanço?

Líderes intencionais são pessoas que assumem responsabilidade pessoal pela criação de culturas libertadoras. Eles se responsabilizam pelo trabalho de encontrar e fechar as lacunas de diversidade em suas vidas pessoais e liderança. Eles se educam. Eles encontram mentores para pavimentar o caminho. Eles não terceirizam o "trabalho de diversidade organizacional" para consultores e o departamento de recursos humanos, acreditando que eliminarão o problema. Eles acreditam que praticar a libertação em nível pessoal é parte integrante da formação como líderes e para o bom trabalho da organização. Eles criam lugares seguros e empoderadores para os membros da equipe crescerem, aprenderem e liderarem. Eles são guiados por seus próprios valores para buscar a diversidade racial, étnica e cultural. Eles investem na jornada, quer estejam sendo observados ou não.

Líderes intencionais confrontam o racismo, praticam libertação e criam culturas em que grupos diversos de pessoas possam florescer. Eles são comprometidos, mesmo enquanto trabalham em grandes organizações onde as mudanças são difíceis e lentas.

Para fechar a lacuna da diversidade e criar uma organização inclusiva, a primeira pessoa que você deve ensinar a praticar a libertação é você mesmo.

APRENDENDO A LIDERAR
A NÓS MESMOS

Cada um de nós carrega uma esfera de influência. Quer esteja liderando a si mesmo, uma família ou uma equipe inteira, você tem a oportunidade de ser mais intencional sobre a cultura que está criando.

144   A LACUNA DA DIVERSIDADE

Existem 5 áreas em que cada um de nós tem a chance de se conduzir em uma direção mais libertadora. Enquanto lê, considere uma área de foco para se concentrar por 1 ano. Fazer isso mudará a trajetória de sua vida e liderança. As 5 áreas incluem:

- **Você**, o líder;
- **Sua visão** para criar uma cultura libertadora e diversa;
- **Suas pessoas,** aquelas que você segue e aqueles que te seguem;
- **Seus ambientes**, onde você passa tempo;
- **Suas histórias**, aquelas que você herda e aquelas que escolhe.

Você, o líder

Líderes intencionais de culturas racialmente diversas e libertadoras incorporam pelo menos 3 realidades: autoconsciência racial e étnica, uma compreensão crescente dos sistemas de opressão e um compromisso com o processo contínuo de mudança.

Autoconsciência racial e étnica

Quando você começa o trabalho de buscar diversidade racial e étnica, é tentador se esforçar para entender as experiências daqueles que são diferentes de você. Ao ler livros, ouvir podcasts, assistir a filmes e fazer perguntas, você aprende muito sobre os outros. Isso é uma coisa boa. No entanto, quando você se concentra apenas em conhecer "o outro racial", você perde o trabalho essencial de conhecer seu próprio eu racial.

Uma das melhores maneiras de conhecer seu eu racial é retornar à sua história de origem. Comece fazendo perguntas sobre como sua família e comunidade de origem moldaram as visões que você tem sobre raça.

Em uma sociedade racializada, todo mundo, independentemente da origem racial e étnica, carrega pensamentos racializados sobre o mundo e sobre as pessoas. Nós internalizamos perspectivas sobre quem deve liderar e quem deve seguir, quem é dominante e quem é subordinado, quem é confiável e quem não é, e assim por diante.

Aumentar sua autoconsciência racial e étnica começa com o questionamento das perspectivas raciais que você leva aos ambientes. Faça a si mesmo perguntas como: "Em quem meus pais me ensinaram a confiar com base na raça?", "Em quem eles me ensinaram a não confiar?" e "Que histórias sobre pessoas de diferentes grupos raciais eu aprendi com meus avós, com base no que eles disseram ou não disseram?". Sua história de origem racial e étnica está impactando sua liderança de hoje.

Aumentar sua autoconsciência racial e étnica também o convida a aprender mais sobre o privilégio que você experimentou com base em sua identidade e localização social. À medida que sua autoconsciência racial cresce, você fica mais bem equipado para ter relações interculturais de maneiras dignas e não exploratórias. Estar ciente de quem você é permite que abra espaço generoso para os outros e os dons e perspectivas únicos que eles trazem para sua organização.

Entendendo os sistemas de opressão

Durante meu grupo focal com as duas mulheres Negras da organização internacional sem fins lucrativos, eu quis entender melhor o que exatamente essa supervisora fez para que elas se sentirem "ouvidas, exaltadas, vistas e apoiadas". Pedi uma história para ilustrar esse ponto, e uma delas me disse:

> Uma expressão da supremacia branca em nossa organização
> é que a maioria das pessoas racializadas que trabalham aqui
> estão em posições de nível inferior. Quando acontecem

demissões ou reestruturação, as pessoas racializadas geralmente são as primeiras a saírem, mesmo que mereçam estar aqui. Nossa supervisora entende essa dinâmica e, em um esforço para manter a segurança do emprego para as minorias raciais e étnicas em nossa organização, ela usa parte de seu orçamento anual para reservar cargos para talentos com diversidade racial que podem perder seus empregos quando outros departamentos resolverem fazer uma limpeza. Foi assim que consegui trabalhar aqui. Quando ela me conheceu, eu trabalhava para outro departamento, e quando esse departamento me demitiu, ela me contratou porque acreditava no que eu tinha a contribuir.

Quando ouvi esse relato, fiquei perplexa. Essa supervisora entendia as nuances e complexidades da opressão sistêmica — sistemas que criam vantagens para alguns e barreiras para outros. Por entender como funciona a supremacia branca, ela foi proativa e criou um cenário em que aqueles que enfrentam as barreiras da supremacia branca poderiam manter seus empregos.

Tenho certeza de que ela não conseguiu preservar o emprego de todos, mas conseguiu com alguns. A proatividade dessa líder também criou um cenário em que o valor declarado de diversidade da organização foi colocado em prática. Ela fez isso sem uma grande reforma organizacional.

Líderes intencionais estão sempre trabalhando para entender e aplicar intervenções libertadoras aos sistemas de opressão. Esse tipo de entendimento não acontece da noite para o dia. São necessários anos de reflexão, crescimento e criatividade. Mas é possível.

Como seria descobrir qual sistema de opressão está atrapalhando mais seus objetivos de diversidade racial, étnica e cultural? O que seria necessário para você enfrentar esse sistema?

Compromisso com o processo

Momentos de crise vêm e vão. A pressão interna e externa para mudar também. Dependendo de sua experiência de privilégio, você sempre terá a oportunidade de optar por não liderar sua organização em uma direção mais diversa e libertadora.

Você decide. E, no fim das contas, a única pessoa que pode de fato responsabilizá-lo pela longa jornada desse trabalho é *você*.

Há duas grandes mudanças que você precisa fazer se quiser influenciar sua cultura em uma nova direção. Deve passar da reação à responsabilidade, e da evasão à liderança.

Recentemente, revisitei a trilogia *O Senhor dos Anéis*. É uma das minhas histórias favoritas. Conforme encontrava minha própria voz e responsabilidade como líder, o arco do personagem Aragorn foi significativo.

Para quem não conhece a história, Aragorn, o protagonista, nasceu na linhagem de um rei. Porém, graças às falhas dos reis que o precederam, ele decidiu abdicar da responsabilidade ao trono. Ele passou anos nas sombras até que o tempo e as circunstâncias o forçaram a tomar uma decisão sobre seu futuro. Ele poderia continuar evitando a responsabilidade, ou decidir tomar seu lugar de direito como rei de Gondor.

Aragorn tinha medo de liderar porque não queria estragar tudo. Mas a evasão dele não servia a ninguém, nem a si mesmo. Ele precisou escolher a liderança.

A mesma decisão cabe a você. Não, você não está travando uma guerra pela alma da Terra-Média, mas está encarregado de criar cultura e capacitar as pessoas que lidera.

Você não pode mais se contentar com treinamentos de diversidade reativa e com medo de evitar realidades difíceis.

Você tem que ser corajoso e escolher um caminho mais libertador.

Esse trabalho começa com o líder. Esse trabalho começa com você.

148 A LACUNA DA DIVERSIDADE

Perguntas-chave

- O que te ensinaram a acreditar sobre raça e racismo?
- Como essas lições e crenças impactam sua liderança hoje?

Sua visão

A imaginação é um valor de culturas libertadoras. Sua tarefa é usar a imaginação para identificar sua visão única de buscar diversidade racial e étnica. Por que você é compelido a se envolver nesse tipo de trabalho? O que te motiva? O que você quer ver transformado em sua liderança, organização e comunidade?

Imagine um futuro diferente. Imagine sua organização cheia de pessoas de todos os tipos de origens. Imagine a criatividade e inovação fluindo. Imagine sua capacidade de responder de maneira significativa à injustiça social. Imagine uma cultura em que você possa atender seus clientes de forma mais eficaz porque sua equipe representa as perspectivas variadas desses clientes e as valoriza. Imagine ciclos abertos de feedbacks para conversas eficazes, mesmo que difíceis. Imagine autenticidade e uma comunidade verdadeira.

Líderes intencionais reservam tempo para imaginar um novo futuro. A visão deles vai além da representatividade. Eles imaginam uma realidade onde cada pessoa é vista, respeitada, ouvida e capaz de contribuir de forma significativa.

O objetivo desse exercício imaginativo é descobrir uma visão autêntica da diversidade racial e étnica que ressoe com quem você é de verdade. Conforme sua visão surge, anote-a, compartilhe-a com outras pessoas e convide um grupo diversificado de colaboradores para torná-la melhor e mais clara. Quando você e uma equipe tiverem uma ideia de para onde estão indo, informe aos outros. Conte o motivo. As pessoas que te seguem precisam saber por que você está fazendo uma mudança. Compartilhar uma visão com propósito capacita os outros a decidir

DIVERSIFIQUE SUA VIDA **149**

como se envolver. Também cria uma chance de as pessoas optarem por não seguir a diversidade, resistir ao racismo e à supremacia branca e incorporar valores mais libertadores que não se alinham com sua visão.

Se você não comunicar o *motivo* da mudança, não apenas perderá a participação engajada, mas também criará um ambiente onde a resistência silenciosa à mudança pode crescer. Comunicar a visão lhe dá a chance de reunir aqueles que estão de acordo e decidir como se envolver com aqueles que não estão.

Perguntas-chave

- Por que a diversidade racial, étnica e cultural é importante para você?
- Por que o trabalho de equidade, inclusão, justiça e antirracismo é importante para você?
- Por que você quer praticar a libertação?

Suas pessoas

Praticar a libertação impacta cada pessoa que interage com sua organização. Você pode começar pensando nesse trabalho em termos de sua equipe, liderança executiva e conselho administrativo. No entanto, a oportunidade de mudança de cultura organizacional também se estende a outros grupos, incluindo, mas não se limitado a:

- Investidores
- Doadores
- Colaboradores
- Voluntários
- Clientes
- Seguidores nas redes sociais
- Organizações parceiras

150   A LACUNA DA DIVERSIDADE

Ao pensar na busca por uma maior diversidade racial e étnica em sua organização, pergunte-se: "Quem estou seguindo?" e "Quem está me seguindo?". Isso inclui redes sociais, mas não se limita a interações online. As pessoas em sua vida têm um impacto profundo em como você vê o mundo.

Falando de organizações, pode valer a pena concentrar seus esforços de diversidade em um ramo da empresa por vez. Como seria passar cerca de 12 a 18 meses focando na diversificação racial e étnica de sua base de doadores? Como você enfrentaria o racismo e a supremacia branca para buscar um novo tipo de comunidade de doadores?

Ou talvez você queira se conectar com novas comunidades de voluntários. Fazer isso bem requer a construção de incursões confiáveis para organizações além de sua rede atual. Como fazer isso de forma digna e recíproca?

Construir relacionamentos significativos e mutuamente benéficos com novos grupos de pessoas é um próximo passo importante em sua prática de libertação pessoal. Conexões assim são cultivadas durante refeições e por meio de experiências compartilhadas e conversas honestas.

Perguntas-chave

- Escreva uma lista das principais partes interessadas envolvidas nas operações da sua organização.
- Com quais grupos você deseja concentrar seus esforços de diversidade e por quê?

Seus ambientes

A proximidade importa. Onde você passa seu tempo determina quem você conhece.

Em minha entrevista com o dr. Michael Emerson[1], sociólogo e professor em Chicago, Illinois, tivemos uma conversa extensa sobre o papel do *ambiente* em nossos esforços para construir comunidades racialmente diversas. Discutimos, em específico, como a segregação histórica das cidades nos Estados Unidos continua a criar barreiras para a construção de conexões inter-raciais significativas.

O dr. Emerson percebeu, pela primeira vez, que vivia em um mundo "todo branco" enquanto revisava a lista de correspondências de cartões-postais dele. Todas as pessoas e famílias da lista eram Brancas. Em resposta, ele transformou isso em uma pesquisa. Por meio de uma série de índices, ele descobriu que morava em uma das comunidades mais brancas dos Estados Unidos. Com essa percepção, junto com uma série de outras lições relacionadas ao racismo sistêmico e à injustiça, ele e a família mudaram tudo. Eles se mudaram para um bairro não branco, começaram a frequentar uma igreja não branca e matricularam os filhos em escolas onde eles, como crianças Brancas, eram a minoria racial.

Escolher onde você mora, onde trabalha ou onde instaura os escritórios de sua empresa são decisões pessoais importantes. No entanto, é importante lembrar que essa decisão altamente pessoal não se desenvolve do nada. Ela tem implicações para o tipo de cidade em que você mora, as redes que você cria e muito, muito mais.

Onde você passa seu tempo determina quem você conhece. E quem você conhece costuma determinar como você vê e interpreta o mundo.

Perguntei ao dr. Emerson o que uma pessoa comum pode fazer quando vive em uma comunidade racialmente homogênea (por exemplo, quando o lugar em que mora, trabalha, frequenta a escola, pratica o culto etc. é composto por apenas um grupo racial). A recomendação dele é olhar para todos os lugares onde você passa seu tempo e selecionar dois deles para mudar.

Ao perguntar ao dr. Emerson sobre o impacto que essas mudanças tiveram em sua família, ele explicou como os filhos, agora adultos, não apenas são gratos pela educação deles, mas se sentem mais bem preparados para levar vidas com propósito e impacto, graças às experiências de diversidade racial e socioeconômica na infância.

152 A LACUNA DA DIVERSIDADE

A decisão de mudar fisicamente sua vida é repleta de desafios e oportunidades. Adotar a humildade cultural, aumentar sua autoconsciência e continuar buscando a libertação são práticas essenciais se você optar por se mudar.

Perguntas-chave

- Onde no seu dia a dia você tem conexões autênticas com pessoas que são racial e etnicamente diferentes de você?
- Identifique dois lugares que você pode mudar para levar uma vida mais racialmente heterogênea.

Suas histórias

As histórias nas quais você está imerso moldam tudo sobre quem você é. Há as histórias de origem que você herdou de sua família e da comunidade em que cresceu. Há as histórias em que você acredita de maneira inconsciente. Há as histórias que você busca e consome por meio das mídias (redes sociais, filmes, notícias etc.). E há as histórias novas que você escolhe ouvir e acreditar.

Buscar a diversidade, resistir ao racismo e à supremacia branca e praticar valores libertadores em sua vida e liderança se concentram em duas atividades consistentes: 1) interrogar as histórias que você ouviu (como discutido no capítulo 1); 2) integrar novas histórias que você encontra e escolhe acreditar.

Você decide quais novas histórias quer levar para o seu futuro.

Talvez você tenha ouvido um podcast ou lido um livro que desafiou sua visão de mundo. Talvez você tenha recebido feedback de um membro da equipe e isso tenha feito você reavaliar um aspecto de sua liderança. Talvez você tenha passado algum tempo imerso em uma comunidade diferente da sua e descoberto ideias inteiramente novas sobre a vida e a liderança.

Novas histórias são encontradas em todos os lugares. Quando você começa a integrar essas novas histórias, você se posiciona para liderar com autoconsciência e empatia.

Podemos escolher novas histórias, e novas histórias podem mudar o mundo.

● ● ● ● ● ● ●

Podemos escolher novas histórias, e novas histórias podem mudar o mundo.

● ● ● ● ● ●

UM MOMENTO PARA PERGUNTAS E RESPOSTAS

Abaixo, uma série de perguntas frequentes que pessoas têm sobre criar uma vida pessoal mais diversa e resistir ao racismo e à supremacia branca em um nível pessoal.

O que faço ao ser confrontado com um preconceito interno que não havia percebido antes?

Conforme avança, você verá camadas de preconceito internalizado em ação sob a superfície de sua vida. Isso pode ser desorientador ou causar vergonha. A vergonha muitas vezes nos leva a nos esconder, ou a suprimir a difícil verdade descoberta. Para combater a tentação de se esconder com essa nova informação, você precisa arrastá-la para a luz. Precisa confessar. Precisa dizer a verdade.

Uma maneira de fazer isso é escrever em um diário. Depois de anotar, interrogue o preconceito, fazendo perguntas como: "De onde veio esse preconceito?" ou "Quem ou o que me ensinou isso?".

154 A LACUNA DA DIVERSIDADE

Após a autorreflexão, encontre alguém com quem se sinta seguro em compartilhar esse preconceito. Idealmente falando, essa pessoa é um amigo ou conselheiro de confiança. O objetivo do compartilhamento é evitar que você fique preso em um ciclo de vergonha. Também permite que escolha uma nova história no futuro.

Ouvi falar muito sobre o impacto do preconceito implícito no trabalho de diversidade organizacional. Como podemos saber de nossos preconceitos internos se eles são inconscientes?

Ótima pergunta! Existem inúmeros especialistas em preconceito implícito que poderiam falar disso melhor do que eu. Na minha experiência, meu corpo sempre revela a verdade sobre o que penso ou sinto sobre os outros. Seja um aperto no peito, um desconforto no estômago ou um pensamento negativo se repetindo em minha mente. Meu corpo diz a verdade.

Preste atenção ao seu corpo e a como você responde ao interagir com diferentes tipos de pessoas em diferentes tipos de espaços. Observe seus reflexos. Preste atenção às respostas que você está propenso a dar (chegando mais perto, afastando-se etc.). Observar as respostas do seu corpo fornecerá dados ricos sobre os preconceitos e preferências que você experimenta com diferentes tipos de pessoas.

Como posso começar a integrar novas histórias em minha maneira de ver o mundo sem pedir aos outros que compartilhem suas histórias pessoais difíceis comigo?

Há muitas opções. Podcasts, filmes, livros e blogs. Há muitas pessoas que compartilham as histórias de raça e identidade online, em via impressa e muitas outras. Pode ser difícil encontrar o meio de aprendizado certo, mas isso faz parte do seu trabalho.

DIVERSIFIQUE SUA VIDA 155

Procure e ouça todos os tipos de vozes sobre raça e diversidade. Jogue a rede longe. Você vai adorar alguns aspectos do que encontrar e não gostar de outros. Tudo bem. Também faz parte do processo. Ao ouvir podcasts ou ler livros, ouça quando os criadores de conteúdo compartilham suas próprias recomendações de vozes a serem ouvidas. Você pode começar em qualquer lugar. Desde que seja curioso e tenha uma mente aberta, encontrará novas histórias. Se permitir, essas histórias mudarão sua vida.

Este trabalho me emociona muito. Raiva, vergonha e medo parecem tomar conta do meu dia. Como saio dessas espirais emocionais e faço algo construtivo de verdade?

Saúde emocional e bem-estar são essenciais. Você não precisa ser perfeito, mas precisa ser autoconsciente. Por quê? Porque enfrentar o racismo, praticar a libertação e fechar as lacunas de diversidade é um trabalho pessoal. Ele desafia quem você acredita ser. Há dinâmicas de poder, bagagem familiar, trauma racial e todos os tipos de dúvidas e inseguranças presentes.

Se está sentindo raiva, vergonha ou medo relacionado a esse trabalho, então você é humano. Essas emoções são dados. São também convites para você buscar o apoio que precisa para ficar bem. Lembre-se de sua humanidade; seja paciente. Se tiver acesso, faça terapia. E conecte-se de maneira significativa com outras pessoas que estão nessa jornada.

Meu mundo é todo branco, e quero começar a mudar isso sem parecer estranho ou forçado. Como encontro novos lugares para construir uma comunidade diversa sem parecer esquisito?

Pode não haver uma maneira de fazer isso sem se sentir estranho. Afinal de contas, você está decidindo ir contra a corrente de sua socialização. Desconforto é essencial.

156 A LACUNA DA DIVERSIDADE

Mas o desconforto é um grande professor. "O direito ao conforto" é um dos valores mais altos da cultura de supremacia branca. Para criar uma nova cultura — para você, sua equipe ou até mesmo sua família —, você terá que abrir mão do seu direito de estar confortável o tempo todo. Construir conexões com novas pessoas em novos lugares é uma ação vulnerável e desconfortável. Mas um pouco de humildade e consistência o levará longe.

Quanto mais aprendo, mais vejo que causei dano não intencional a pessoas em minha jornada de liderança. O que faço a esse respeito?

Você não está sozinho. Estamos todos aprendendo e desaprendendo. Quanto mais sabemos, mais ampla nossa perspectiva se torna. É natural que, ao olhar para trás, para sua liderança, você veja áreas em que gostaria de ter tido mais conhecimento e agido melhor.

Perdoe-se como puder. Sempre que possível, repare os danos. Você pode fazer isso redistribuindo seus recursos ou pedindo desculpas. Se for apropriado, pergunte à parte prejudicada o que você pode fazer para corrigir o que fez. Que seus esforços para reparar os danos, sejam sobre a outra pessoa, e não sobre aliviar sua culpa. Pode exigir um pouco de criatividade, mas vale a pena fazer o reparo. Por fim, tudo o que você pode fazer é o seu melhor.

7

LIDERE COM CORAGEM

- *Ideia:* As pessoas não querem apenas um emprego; elas querem pertencer. Sua intencionalidade e vulnerabilidade definem o tom de quanto pertencimento é possível.

- *Ação:* Lidere com vulnerabilidade e coragem.

CONSTRUINDO O PERTENCIMENTO

Eu estava me preparando para o meu primeiro verão fora de casa. Aos dezenove anos, fiz planos para ir ao oeste de Chicago com um grupo de mais 8 universitários. Nossos objetivos para o verão eram simples: conhecer nossos vizinhos e nos voluntariar no acampamento de jovens local. No entanto, o interessante foi que o aspecto mais transformador daquele verão não foi a nova vizinhança nem o voluntariado, e sim aprender como viver e trabalhar com um grupo diverso de 8 estranhos.

A seguir, alguns tipos de diversidade refletidos em nosso grupo:

- **Diversidade racial e étnica** – havia 3 pessoas Negras, 1 Asiática e 5 Brancas.
- **Diversidade regional** – um de nós era do sul (eu), 2 eram do nordeste e alguns eram do centro-oeste dos Estados Unidos.
- **Diversidade acadêmica** – nós representávamos pequenas escolas liberais de arte, escolas privadas de elite e grandes universidades públicas.

158 A LACUNA DA DIVERSIDADE

- **Diversidade religiosa** – todos vínhamos da mesma tradição religiosa, mas participávamos em expressões muito diferentes da tradição coletiva.
- **Diversidade socioeconômica** – alguns de nós vinham de famílias ricas, outros de famílias de baixa renda, e o restante estava em algum ponto da classe média.

Também tínhamos variados níveis de exposição a visões de mundo diferentes das nossas.

Em uma situação de ambiente de trabalho normal, essas diferenças poderiam levar anos para aparecer, isso se aparecessem. No entanto, para o nosso grupo, foi uma questão de dias. Fazíamos tudo juntos: voluntariado, compras de supermercado, cozinhar, comer e explorar a cidade.

Por sorte, conforme as diferenças apareciam, estávamos preparados para lidar com elas.

No começo do verão, nosso líder nos ensinou os 4 níveis de comunidade que novos grupos experienciam durante a transição da estranheza ao pertencimento. Cunhados pelo psiquiatra americano M. Scott Peck[1], os 4 estágios incluem:

1. Pseudocomunidade
2. Caos
3. Esvaziamento
4. Comunidade real

1. Pseudocomunidade. Refere-se a interações superficiais e relacionamentos experimentados ao conhecer pessoas novas. Nesta fase, o tempo é focado em evitar conflito e enfatizar o que as pessoas têm em comum umas com as outras. As diferenças são minimizadas para encorajar a conformidade e a intimidade do grupo.

2. *Caos.* Cedo ou tarde, diferenças aparecem, o conflito é sentido, e cada estranho no grupo é confrontado com a escolha de voltar ao estado de pseudocomunidade ou entrar mais fundo nos relacionamentos, por mais difícil que seja.

3. *Esvaziamento.* Para aqueles que escolhem passar pelo caos, o esvaziamento é o estágio mais importante de todos. Aqui é onde os membros do grupo mostram mais sobre quem são e como trabalham nas tensões que impedem uma comunicação eficaz. Na fase do esvaziamento, os membros do grupo mergulham nas diferenças, trabalham nos desafios de serem seres humanos diferenciados e constroem conexões por meio da honestidade.

4. *Comunidade real.* Do outro lado do esvaziamento, pessoas começam a experienciar o pertencimento real. Membros do grupo abraçam a totalidade uns dos outros — o lado bom e o não tão bom. Marcado por autenticidade e profundidade, a comunidade real existe quando cada pessoa tem a chance de ser seu verdadeiro eu.

Os estágios da comunidade iluminam o processo de construção de uma equipe diversa. Embora as pesquisas sugiram que equipes diversas superam equipes homogêneas,[2] isso só é possível quando os diversos grupos de pessoas sabem como trabalhar juntos sem comprometer a individualidade. Sair da superfície, por meio do caos, para um lugar de autenticidade é a jornada de qualquer equipe que busca experienciar o pertencimento real.

As pessoas sentem o pertencimento quando a diversidade é cultivada, há resistência ao racismo e à supremacia branca, e os valores culturais libertadores são praticados no nível organizacional.

O QUE É PERTENCIMENTO?

Há tantas definições de pertencimento quanto há pessoas no mundo. Cada pessoa experimenta o presente de ser aceita, desejada e abraçada de maneiras diferentes. No entanto, existem 3 características de pertencimento que são encontradas com persistência ao longo do tempo, nas comunidades, relacionamentos e organizações: presença autêntica, comunicação corajosa e inclusão radical.

A *presença autêntica* é a experiência de trazer o seu eu genuíno para todos os ambientes, porque você está seguro de quem é. Embora essa sensação de segurança deva ser cultivada internamente, como líder você pode criar um ambiente onde a presença autêntica seja validada. Preste atenção ao que energiza cada membro de sua equipe. Celebre-os quando eles usarem seus talentos. Apoie perspectivas distintas. Peça com regularidade a opinião deles e coloque suas ideias em prática. Dê às pessoas liberdade para assumir riscos e testar novas ideias. Quando as pessoas falarem de tópicos desconfortáveis, ouça bem e agradeça pelo compartilhamento. Essas são algumas maneiras de validar a presença autêntica de outras pessoas em sua equipe.

A *comunicação corajosa* acontece quando você conta suas experiências reais e ouve as experiências reais dos outros, principalmente as relacionadas a questões de identidade. Esta comunicação requer coragem porque é vulnerável. Como líder, você define o tom para uma comunicação corajosa em sua organização. Enfrente diretamente questões de racismo e supremacia branca em seu ambiente de trabalho. Inicie conversas importantes. Expresse gratidão quando os membros da equipe compartilham feedback difícil ou ideias divergentes. Assuma seus erros. Essas ações definem o tom de uma comunicação corajosa.

A *inclusão radical* é a prática contínua de remover as barreiras que impedem a participação de grupos historicamente marginalizados ou oprimidos. Ao longo deste livro, você aprendeu sobre racismo e supremacia branca e como praticar a libertação pode começar a remover barreiras para pessoas racializadas. Também existem muitas outras barreiras a serem removidas, incluindo as que excluem mulheres, pessoas com deficiência, pessoas LGBTQIA+ e pais e mães trabalhadores. Como um líder que aspira a criar uma cultura libertadora em que as pessoas possam experienciar o pertencimento, encontrar e remover essas barreiras é o seu trabalho.

QUANDO O PERTENCIMENTO É AMEAÇADO

Conforme você traduz as ideias deste livro em seus esforços diários de liderar pessoas, há alguns pontos de tensão a monitorar. Esses pontos de tensão são pontos de virada. Ou te impulsionarão a uma maior diversidade racial, étnica e cultural ou causarão a falha do seu trabalho. Os pontos de virada são dinâmicas de poder, confiança, clareza relacional e interações repetidas.

Dinâmicas de poder

Aumentar a diversidade racial, étnica e cultural sem redistribuir o poder entre os grupos raciais pode causar mais mal do que bem, em especial quando pessoas racializadas em maioria ocupam cargos mais baixos (em vez de haver representação racial diversa em todos os níveis da organização). Nesses cenários, é raro que funcionários de nível inferior tenham a influência organizacional necessária para lidar com os impactos negativos da marginalização no ambiente de trabalho.

Aumentar a representatividade em todos os níveis da empresa é uma maneira de começar a praticar a libertação de maneira organizacional. Também é possível exercê-la mapeando os tipos de poder

162 A LACUNA DA DIVERSIDADE

que você carrega pessoalmente como líder e encontrando maneiras criativas de distribuí-lo.

O poder vem em todas as formas e tamanhos, e aqui estão 4 tipos nos quais deve-se prestar atenção:

1. *Poder de decisão*: quem toma mais decisões ou toma as decisões que impactam o maior número de pessoas.
2. *Poder relacionado ao dinheiro*: quem ganha mais dinheiro ou decide quanto dinheiro cada pessoa ganha.
3. *Influência geral*: de quem são as opiniões com mais peso ou quem decide quais opiniões são mais importantes.
4. *Poder relacionado à voz*: quem fala mais ou de quem são as palavras e ideias que mais moldam a organização.

Talvez seu trabalho seja gerenciar esses aspectos de sua organização. Conforme avança, considere como você pode compartilhar o poder dentro dessas responsabilidades para fechar as lacunas de diversidade.

Você pode criar comitês internos encarregados de tomar decisões importantes para toda a organização. Pode montar uma equipe de funcionários que avalie a criação de pacotes de remuneração. Pode tornar sua equipe de comunicação mais colaborativa de forma a aumentar a diversidade de vozes que moldam suas mensagens. Todas essas são formas de redistribuir e equilibrar o poder.

Confiança

Quando se trata de raça, a confiança é difícil de encontrar. A divisão racial é histórica e está enraizada em todos os aspectos da cultura. A maioria das atividades de formação de equipes não está preparada para dissolver conflitos raciais e étnicos que datam de séculos.

Isso representa um desafio para as equipes que desejam praticar a libertação em um nível organizacional. Mesmo com as melhores intenções, a escolha de construir pontes entre as linhas da diferença racial cabe a cada indivíduo da equipe. Você pode criar ambientes de aprendizado, confrontar o racismo com regularidade, escrever políticas para praticar a libertação e muito mais. No entanto, não pode mudar a mente das pessoas. As pessoas mudam as próprias mentes se e quando quiserem.

Como líder, quando a incapacidade de construir confiança se torna um ponto importante na capacidade de sua organização de fechar as lacunas de diversidade, sua única opção é dizer a verdade.

Conte a verdade sobre sua história e experiência de origem racial. Relate como seus olhos foram abertos e sua visão de mundo mudou. Diga a verdade sobre os erros que cometeu e os riscos que assumiu para reparar os danos. A confiança é construída quando a verdade é dita; seja honesto sobre sua história.

O escritor e professor Parker Palmer diz: "Quando um líder diz a verdade, pode legitimar a sinceridade em todos os níveis".[3] Ser honesto sobre suas deficiências, sobre as deficiências de sua organização e sobre como você de fato deseja agir melhor, irá encorajar os outros a fazerem o mesmo.

Clareza nas relações

Ao reunir uma equipe, pode ser tentador falar em família para criar a sensação de pertencimento. Esse é um sentimento agradável, mas deve ser usado com cautela. Ser uma equipe não é o mesmo que ser uma família. As famílias não têm descrições de cargos, pacotes salariais, reuniões de equipe, avaliações de desempenho, exames legais e assim por diante. Você não pode demitir sua família.

Pertencimento no local de trabalho é uma experiência; ter uma família é outra.

164 A LACUNA DA DIVERSIDADE

Ao falar em família no contexto organizacional, você perde a clareza nas relações. As dinâmicas de trabalho saem do controle. Falar de família torna difícil a prestação de contas. Gera falsas expectativas de aceitação incondicional. Os limites entre a vida e o trabalho ficam confusos, e é difícil saber como se comportar em qualquer interação.

Sou o chefe ou o amigo?
Sou uma colaboradora ou a irmã mais nova?
Serei demitido?
Tudo bem se eu desistir?

A seguir, um exemplo pessoal para ilustrar a confusão que a linguagem da família pode criar em uma equipe.

Certa vez, tive um supervisor que alternava entre se comportar como meu chefe e como meu amigo. Ao interagir com ele em certos momentos, eu não sabia qual versão era. Isso me gerou ansiedade. Em um momento, nossas interações pareciam amigáveis e leves. Naqueles dias, a distância de poder entre nós diminuía e nos relacionávamos como iguais. Nos outros dias, ele era o supervisor, a distância voltava e ele dava ordens e orientações.

Quando eu precisava dar a ele um feedback difícil relacionado ao trabalho ou à organização, ele entrava no modo "amigo", me incentivando a confiar nele e deixar tudo de lado. Ao sair do modo "chefe", mesmo que por um instante, ele evitava a responsabilidade pelo impacto de sua liderança. Porém, quando precisava *me dar* um feedback difícil, ele *entrava* no modo "chefe" outra vez, aproveitando a influência de sua posição para me obrigar a mudar um determinado comportamento. Como meu chefe, ele usava a hierarquia para encorajar minha submissão, algo que um amigo não faria e nem poderia fazer.

A linguagem familiar é um ponto de virada porque não apenas cria ambiguidade nas relações, mas também pressupõe que cada pessoa tem uma compreensão positiva e semelhante do que significa ser uma família. Isso não é verdade.

Em vez de falar em família para criar uma falsa sensação de pertencimento, trabalhe com os membros de sua organização para determinar o que de fato pertencimento significa em seu contexto. Resista à tentação de projetar o que cria pertencimento para você nas pessoas que lidera. Isso leva tempo. Você tem que ouvir, aprender, tomar notas e manter muitas conversas. Você precisa articular com clareza os valores, práticas, hábitos e políticas que possibilitam o pertencimento às pessoas de sua equipe. Falar que são todos uma família é um atalho. Na pior das hipóteses, manipula e causa trauma, principalmente para aqueles que sofrem algum grau de dor no local de trabalho.

Interações repetidas

Toda organização tem recipientes para as operações internas. Esses recipientes incluem reuniões de equipe, supervisores ou gerentes individuais, avaliações de desempenho, reuniões informais e eventos públicos. Cada um desses ambientes é uma oportunidade para que a lacuna entre suas boas intenções e seu impacto aumente ou diminua. Isso depende de sua capacidade de criar interações positivas e inclusivas para as pessoas de sua equipe quando elas experimentam interações repetidas em sua organização.[4]

A seguir, algumas coisas para prestar atenção ao trabalhar na criação de uma cultura organizacional libertadora.

Em reuniões de equipe

- Quem define a agenda? É sempre a mesma pessoa? Existe uma maneira de tornar a criação da agenda mais colaborativa? Organizações menores podem usar da colaboração

166 A LACUNA DA DIVERSIDADE

pública para definir temas de vários membros da equipe. Dessa forma, qualquer pessoa pode trazer um tópico ou prioridade para o grupo maior discutir.

- Quem fala mais e quem fala menos? Preste atenção em quem sente confiança e pertencimento suficientes para compartilhar as ideias em grupo. Preste atenção em quem não sente. Talvez você não precise corrigir nada de imediato, mas esses dados te ajudarão a determinar a quem sua cultura dá mais suporte e a quem ela dá menos suporte.

*Em reuniões individuais de supervisores
ou gerentes com funcionários*

Em que nível seus supervisores e gerentes possuem autoconsciência racial e étnica? O entendimento deles compreende as nuances das realidades sistêmicas que afetam os membros da equipe? Se os supervisores não estão fazendo a parte deles para entender as próprias identidades raciais, poderes e privilégios (ou a falta deles), eles estarão mal equipados para se conectar inter-racial e culturalmente com os supervisionados. Monitore como as pessoas estão experienciando esses pontos de conexão individuais com as pessoas que os gerenciam.

Em revisões de desempenho com membros da equipe

Uma amiga minha, uma mulher racializada, uma vez se recusou a participar da avaliação final de desempenho quando fazia parte de uma organização de maioria branca. A revisão seria em parte entrevista de saída e em parte avaliação de desempenho de uma apresentação que ela fizera. Ela tinha sido a única mulher Negra na equipe por anos. Estava deixando a organização por vários motivos, alguns dos quais relacionados à dinâmica racial (e racista) que existia.

O gerente dela, outro amigo meu, não conseguia entender por que ela não queria participar dessa conversa. Ele é um homem Branco e um líder executivo da equipe.

Quando ele e eu fomos discutir isso, eu disse a ele:

— Ela não se sente segura em participar dessa revisão porque não pode confiar que seu feedback será preciso. Ela não tem como saber se o que você está dizendo é preconceito contra ela por ser uma mulher Negra, ou se é a verdade sobre o desempenho dela. Para que seja eficaz, ela precisará de outra pessoa na sala que possa ajudá-la a analisar o que é verdade e o que é seu preconceito racial contra ela.

Ele compreendeu e passou a trazer um mediador que pudesse manter espaço para ambas as perspectivas. Minha amiga se sentiu honrada e psicologicamente segura, e ele pôde cumprir seus deveres como supervisor.

Quando se trata de atividades simples, como avaliações de desempenho, é impossível perceber todos os seus preconceitos e sua perspectiva cultural distinta logo de cara. Você os traz consigo em todas as conversas, reuniões e decisões de liderança. O objetivo não é ficar livre de todos os preconceitos. Isso é impossível. O objetivo é se tornar consciente de seus preconceitos e ajustar seus processos para atender às pessoas que lidera.

Em reuniões informais

Atividades divertidas e encontros informais ajudam muito na criação de cultura. Se seu objetivo for criar encontros informais que sejam divertidos *e* inclusivos, a seguir estão algumas perguntas a serem feitas:

Todo o seu comitê de planejamento vem do mesmo local social (por exemplo, a mesma raça, mesmo sexo, mesmo status socioeconômico etc.)?

Se sim, é possível que você esteja criando uma experiência socialmente excludente, em que aqueles que são diferentes de você terão que assimilar, falar de formas diferentes e, portanto, se divertir menos.

O que você está planejando é financeiramente acessível ou inacessível? Todos da equipe poderão participar ou o custo dificultará a participação de alguns? O que você pode fazer em relação a isso?

Uma solução rápida seria cobrir todas as despesas para todos os participantes.

O que você está planejando é mesmo divertido para todos ou é divertido apenas para um grupo cultural específico?

Se você achar que é divertido somente para um grupo cultural, não precisa necessariamente mudar sua atividade. Esteja ciente de que o que é divertido para você pode não ser divertido para os outros. Da próxima vez, escolha uma atividade que outras pessoas gostariam, em especial se isso te tirar de sua zona de conforto.

VOCÊ DEFINE O TOM DO PERTENCIMENTO

A cada dia, sua liderança define o tom de quanto pertencimento é possível. Isso acontece por meio das histórias que você amplifica e aquelas que silencia, os heróis que celebra e as pessoas que vilaniza, a verdade que você conta e os segredos que esconde. Cada uma dessas ações tem impacto em quem experiencia o pertencimento na sua organização.

• • • ● • •

A cada dia, sua liderança define o tom de quanto pertencimento é possível.

• • • ● • •

Ao escolher ser honesto, agir da forma correta quando ameaças ao pertencimento emergem, e compartilhar vulnerabilidade a respeito de sua jornada de consciência racial, você fecha a lacuna da diversidade. Você está criando uma cultura onde todas as pessoas são vistas, ouvidas, respeitadas, valorizadas e capazes de contribuir de maneiras significativas.

Lidere com coragem. Continue a caminhar.

UM MOMENTO PARA PERGUNTAS E RESPOSTAS

A seguir, uma série de perguntas frequentes que as pessoas têm em relação a criar um time mais diverso, praticar libertação e resistir ao racismo e à supremacia branca em nível organizacional.

Como diversificar minha equipe sem tokenizar pessoas?

Em entrevista, o autor e empresário Sam Collier disse: "Se você contrata uma ou duas pessoas racializadas e não tem planos de contratar mais, você está no tokenismo. Se contrata uma ou duas pessoas de minorias e *tem* planos de contratar mais, não é tokenismo; é o começo de algo novo".[5]

A tensão em torno do tokenismo tem a ver com a massa crítica de pessoas racializadas que estão sendo recrutadas para diversificar uma equipe de maioria branca. A especialista em diversidade e inclusão Janet Stovall diz: "Trinta por cento é massa crítica, quando grupos minoritários podem de fato começar a serem ouvidos".[6]

A questão é a seguinte: você está interessado apenas em contratar pessoas não brancas o suficiente para fazer sua equipe parecer mais diversa ou está contratando pessoas racializadas o suficiente para mudar as raízes da cultura de sua organização?

O tokenismo abre espaço para um. A libertação abre espaço para muitos.

Sou Branco e supervisiono pessoas de todos os tipos de origem racial e étnica. Alguma dica de como posso fazer isso direito?

Se você é uma pessoa Branca e está liderando, orientando, treinando ou gerenciando pessoas não Brancas: 1) Encontre maneiras de ser orientado por pessoas racializadas, pessoalmente ou por meio de recursos que elas compartilham (livros, podcasts etc.); 2) Cultive a autoconsciência; e 3) Se e quando pessoas racializadas que você lidera contarem histórias sobre racismo, ouça e acredite nelas. Não tente corrigi-las, diminuí-las ou explicar nada. Ouça bem. Se você disser alguma coisa, que sejam estas duas palavras: "Conte-me mais". Seu trabalho nesses momentos é ser um recipiente para a experiência do outro, e se o fizer bem, construirá confiança. Se não, vai quebrá-las. Esses momentos são muito importantes.

Sou uma pessoa racializada e supervisiono pessoas de todos os tipos de origens raciais. No entanto, meus maiores desafios são com as pessoas Brancas da minha equipe. Elas não respeitam minha liderança. Alguma ideia de como lidar com isso?

Seja você mesmo e faça seu trabalho com excelência. É desafiador convencer pessoas que não respeitam pessoas racializadas, ou mulheres, de que deveriam fazer isso. Se o relacionamento é tóxico e prejudicial — em outras palavras, cheio de desrespeito e falta de consideração por sua humanidade e liderança —, convide colegas para a conversa para ajudá-lo a encontrar o melhor próximo passo. Se ficar esperando que as pessoas o respeitem, ou buscando a aprovação alheia, isso terá mais custos do que benefícios.

8

NOVOS LÍDERES, NOVOS FUTUROS

- *Ideia:* Ninguém está pedindo que você seja perfeito. Estamos pedindo que fique desconfortável, seja criativo, assuma alguns riscos e tome iniciativa de forma consistente.

- *Ação:* Faça o seu trabalho.

NOVOS LÍDERES, NOVOS FUTUROS

Estamos em um momento de intensa mudança cultural. Antigas crenças e modos de agir estão sendo questionadas, desfeitas e reimaginadas. Essa ambiguidade é feliz para alguns e assustadora para outros.

Embora possa ser animador encarar uma tela em branco de criatividade, pode ser difícil começar do zero.

Embora seja energizante imaginar o que *poderia* ser, é necessário tempo para traduzir a visão em realidade.

A mudança também causa muitas perdas; perdemos nossa estabilidade, nossas ilusões de controle e, em alguns casos, nosso próprio senso de identidade. Buscar a libertação e criar novas culturas significa dizer adeus a velhas estruturas e ideais familiares. Há sofrimento. Há camadas de rendição e inúmeras emoções ao longo do caminho.

Apesar dos desafios, criar as culturas do futuro é um trabalho que vale a pena fazer. Vale a pena aprender como a exclusão, o racismo e a supremacia branca causaram danos. Vale a pena descobrir um caminho mais libertador.

174 A LACUNA DA DIVERSIDADE

Por quê?

Porque vidas estão em jogo. Porque o bem-estar das pessoas está em jogo. Porque, como líder, seu papel é criar ambientes para o crescimento e desenvolvimento de outras pessoas. O ônus é seu em interromper os padrões prejudiciais e investir recursos para cultivar as melhores condições de trabalho possíveis para as pessoas.

Você está convidado a se tornar um novo tipo de líder, que combina boas intenções para a diversidade com uma verdadeira mudança cultural.

Novos tipos de líderes surgem de 3 maneiras:

1. Líderes experientes ficam imersos em novas comunidades

Se ocupou cargos de liderança em instituições de maioria branca por muitos anos, foi formado para liderar de maneiras que mantenham o status quo para essas instituições. Isso é normal. No entanto, para combinar suas boas intenções de diversidade com mudança cultural, você precisa aprender uma maneira nova. Essa formação acontece por meio da aprendizagem tradicional, mas ocorre melhor em comunidade.

Como seria mergulhar em um contexto onde você deve seguir os estilos de liderança, hábitos e práticas daqueles que sofreram os danos da opressão? Quando você se posiciona como um aprendiz e confia nos instintos de líderes que conhecem a opressão por experiência, seus instintos de liderança são mudados. Você aprende que existem diversas maneiras de atingir um objetivo. Aprende que há vários estilos, valores e prioridades relacionados a liderar outras pessoas. Se você é um líder experiente, um dos desafios que enfrentará nessa experiência imersiva é a tentação de se manter no comando. Resista. Aprenda a participar por inteiro de uma comunidade em que você não é o líder. Faça isso e estará no caminho certo para fechar suas lacunas de diversidade.

2. Novos líderes encontram suas vozes em comunidades de prática

Se você não ocupa cargos de liderança há muitos anos, mas ainda assim tem uma visão de como criar uma cultura mais libertadora e inclusiva, como seria para você começar a liderar? O que seria necessário para você falar, reunir outras pessoas, criar comunidade e inspirar mudanças? Aprender a liderar também requer comunidade.

Meus amigos e mentores Donna e Leroy Barber fundaram uma organização sem fins lucrativos chamada The Voices Project. A missão é treinar e promover líderes não Brancos. Em uma conversa, Donna falou sobre a importância da comunidade em ajudar pessoas sub-representadas a encontrarem suas vozes. Muitas pessoas racializadas que trabalharam ou se voluntariaram em instituições majoritariamente brancas por muitos anos têm dificuldade de reconhecer as vozes autênticas delas. Por causa disso, as pessoas racializadas (e outras minorias sub-representadas) nem sempre sabem como falar quando chega a hora. Donna e Leroy criam comunidades em que os líderes racializados podem se reunir para falar sobre questões do interesse deles, as dificuldades que estão enfrentando e as ideias de como melhorar o mundo. Nesse espaço de afinidade, líderes emergentes encontram as vozes deles e são equipados para retornar aos espaços de maioria branca com confiança.

Parece o tipo de comunidade de que você precisa para iniciar sua jornada de liderança? Todos nós precisamos de um lugar seguro para encontrar nossas vozes, aprender nossos estilos únicos de liderança e descobrir nossa própria prática libertadora. Como seria reunir pessoas que estão em uma jornada semelhante à sua e encontrar suas vozes juntos?

3. Encontrando novos líderes em lugares surpreendentes

Fora dos muros de nossas organizações, há adolescentes, imigrantes, refugiados, ativistas, agricultores e artistas que vêm nos desafiando e

176 A LACUNA DA DIVERSIDADE

nos convidando a imaginar um caminho mais libertador. Eis a pergunta errada: "Existem pessoas que estão nos levando para a libertação?". A pergunta certa seria: "Estamos dispostos a seguir os marginalizados, os excluídos ou as pessoas incomuns que estão nos mostrando o caminho?".

Há inúmeras pessoas no mundo que estão imaginando novos tipos de organizações, negócios e formas de liderar. Elas combinam boas intenções com ação. Há jovens defendendo a justiça ambiental. Há comunidades indígenas lutando por soberania e relações sustentáveis com a terra. Há ativistas tomando as ruas, exigindo o cumprimento dos mais altos ideais de nossa democracia. Há pessoas mais velhas nos ensinando o que significa manter a esperança. Há imigrantes começando negócios e criando comunidades. Há refugiados arriscando tudo para construir um lar melhor para suas famílias. Há pessoas resilientes e comuns que nunca farão um TED Talk ou verão os nomes delas em capas de livros. Essas também são pessoas que vale a pena seguir. Que vale a pena ouvir. Em quem vale a pena acreditar.

Abra os olhos para os professores ao seu redor. Deixe que te conduzam. Confie neles para mostrar como colocar em prática suas boas intenções de mudança.

A INTERSEÇÃO ENTRE IDEIA E AÇÃO

Fechar a lacuna entre nossas boas intenções de diversidade e a verdadeira mudança cultural só é possível na interseção entre *ideia* e *ação*. Ideia é sobre o que você vê e sabe. Ação é o que você faz com o que sabe.

• • • ● • • •

Ação é o que você faz com o que sabe.

• • • ● • • •

As ideias compartilhadas neste livro visam reformular a maneira como você pensa a diversificação de sua organização. As ideias-chave são:

- O racismo e a supremacia branca são a raiz dos problemas. Eles devem ser abordados de forma contínua e resistidos conforme você busca a diversidade.
- Seu impacto sobre as pessoas racializadas é mais importante que suas boas intenções.
- Sua motivação para buscar a diversidade tem implicações em quão prejudiciais ou úteis serão suas estratégias de diversidade.
- Existem várias formas para se engajar no trabalho da diversidade, e você precisa saber em qual delas está operando e em qual momento.
- Abrace valores novos e mais libertadores para criar uma cultura em que grupos diversos de pessoas possam florescer.
- Busque a diversidade, resista ao racismo e à supremacia branca e pratique a libertação em um nível pessoal, se sua intenção é fazer o mesmo em nível organizacional.
- As pessoas que trabalham para você querem sentir pertencimento. Você define o quanto é possível.
- Você não precisa ser perfeito. Precisa ficar desconfortável, ser criativo, correr alguns riscos e agir com consistência.

Para ser eficaz, cada ideia é associada a uma ação. As ações são:

- Faça um levantamento de como o racismo e a supremacia branca existem em sua cultura. Ajuste sua estratégia de diversidade para desmantelar esses sistemas.
- Priorize ouvir, acreditar e seguir pessoas racializadas.
- Se sua busca pela diversidade racial é sobre dignificar as pessoas e acabar com o racismo, continue. Se é sobre parecer relevante, pare.

- Escolha sua forma de buscar diversidade e saiba o motivo.
- Pratique a libertação; incorpore a mudança cultural.
- Resista ao racismo e busque diversidade em todas as áreas de sua vida.
- Lidere com vulnerabilidade e coragem.
- Faça o seu trabalho. Combine suas boas intenções de diversidade com mudanças culturais reais.

Quando você tem novas ideias regularmente e muda o modo de agir de acordo com o que aprendeu, está no caminho certo para fechar a lacuna da diversidade.

Quatro possibilidades

A interseção entre *ideia* e *ação* cria 4 possibilidades para a sua cultura organizacional (ver Figura 4).

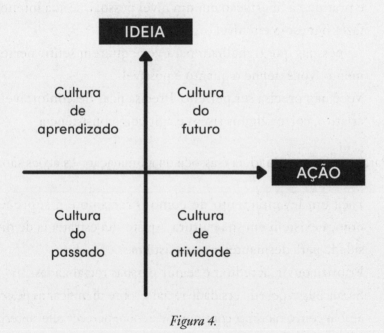

Figura 4.

O eixo da ideia se refere ao seu entendimento, sempre em desenvolvimento, a respeito do racismo e da supremacia branca e seus impactos em sua organização, liderança e sociedade como um todo. Também se refere a quão bem você entende seu papel em apoiar ou desmantelar o racismo e a supremacia branca. Conforme aprende mais sobre esses sistemas e os impactos deles, você se move de baixo para cima no eixo da ideia.

O eixo da ação se refere às atividades que você faz, os recursos que aloca e os experimentos que executa em um esforço de criar uma cultura mais diversa e libertadora. Isso inclui dar oficinas, trabalhar com consultores, facilitar diálogos, criar oportunidades de aprendizado, ter conversas difíceis, praticar a autoavaliação, doar dinheiro para causas libertárias e se juntar a protestos. Conforme coloca sua energia, corpo e recursos no trabalho, você se move de baixo para cima no eixo da ação.

Em qualquer momento, você está criando:

- *Uma cultura do passado* (poucas ideias, pouca ação)
- *Uma cultura de aprendizado* (muitas ideias, pouca ação)
- *Uma cultura de atividade* (muita ação, poucas ideias)
- *Uma cultura do futuro* (muitas ideias, muita ação)

Culturas do passado

Quando uma organização tem poucas *ideias* e pouca *ação*, ela está perpetuando uma cultura do passado. Essas culturas tendem a ser homogêneas, isoladas e individualistas. Conforme a sociedade avança em direção a uma maior diversidade racial e étnica em todos os setores, as culturas do passado intensificam as antigas formas de agir, pensar e liderar. Isso é o oposto de inovação.

Se você ou sua equipe estiverem nesse quadrante, o movimento acontecerá quando você não puder mais permanecer igual. Pode não

180 A LACUNA DA DIVERSIDADE

parecer em um primeiro momento, mas a falta de mudança tem um custo. Em uma sociedade cada vez mais comprometida com a busca por igualdade racial, permanecer o mesmo é ficar para trás. Você não apenas pode perder negócios, clientes e parcerias, mas também estará mal equipado para performar melhor que equipes com maior diversidade racial e étnica que fizeram o trabalho de cultivar autenticidade e pertencimento.

Culturas de aprendizado

As culturas de aprendizado são marcadas por adquirir informações, descobrir histórias e compartilhar ideias. Nessas organizações, as pessoas estão crescendo continuamente na compreensão dos sistemas de opressão. Essas culturas têm um alto valor para treinamentos de preconceito inconsciente e oficinas de diversidade.

Como uma pessoa que adora ideias, me desenvolvo bem em culturas de aprendizado. No entanto, ter mais informações não necessariamente leva à prática da libertação e da dignificação de pessoas. A ação envolve mudar a forma como vivemos e lideramos. Depende de usar nossos corpos e nossas vozes para o trabalho de aumentar a diversidade, resistir ao racismo e à supremacia branca, e praticar valores libertadores. As culturas de aprendizado são importantes. Essa é uma fase pela qual toda organização deve passar para que sua ação seja efetiva. Porém, apenas o aprendizado é insuficiente para tornar uma cultura organizacional mais libertadora e afirmativa para todas as pessoas envolvidas.

Culturas de atividade

Quando atividade e movimento são priorizados com consistência acima da obtenção de novas ideias e reflexões, uma cultura de atividade

NOVOS LÍDERES, NOVOS FUTUROS **181**

está em ação. Imagine estar em uma equipe onde há uma profusão de esforços desconectados e não relacionados de diversificar a organização. Há comitês sendo formados e clubes do livro sendo iniciados. Declarações de diversidade são feitas e protestos são frequentados. Muita atividade pela causa de aumentar a diversidade e abordar as tensões raciais!

Mesmo assim, os momentos de reflexão são poucos e espaçados. Em culturas de atividade, é raro que as pessoas reservem tempo para dar um passo para trás e visualizar a situação como realmente é. O trabalho para aumentar a diversidade e abordar o racismo é de curta duração nessas organizações porque os líderes não reservaram tempo suficiente para realmente entender e resolver os problemas básicos em questão.

Há épocas em que a atividade deve ser priorizada. Em momentos de crise racial e injustiça, devemos agir rápido. No entanto, não podemos permanecer em um estado de ação constante. É insustentável e pode levar ao esgotamento pessoal e organizacional.

Culturas do futuro

As culturas do futuro são ambientes onde os líderes estão comprometidos em expandir suas ideias e se engajar em ações significativas. É uma dança; requer um movimento rítmico entre ideia e ação, integrando momentos de aprendizagem e de atividade no calendário organizacional.

Existem ritmos para cada aspecto da vida profissional. Há fases de ação e de folga. Há momentos para angariar fundos e investi-los. Há outros reservados para focar no marketing, investir no funil de vendas e no desenvolvimento profissional dos membros da equipe.

Para criar uma cultura do futuro, você deve estruturar a mudança que deseja ver. Fique de olho quando estiver preso no modo "aprendizado", no modo "atividade" ou no modo "manter o status quo do passado".

Se você está em uma cultura de aprendizado, ótimo! Continue aprendendo. Conforme aprende, encontre maneiras de aplicar novas ideias. Como você pode mobilizar seu corpo físico, seus recursos ou seu tempo para mudar sua cultura em direção às práticas libertadoras do futuro?

Se você está em uma cultura de atividade, excelente! Continue agindo. Ao agir, reserve momentos específicos para refletir. Faça a si mesmo estas perguntas: "De todas as nossas atividades, qual causou o maior impacto positivo?", "O que levou a pouco ou nenhum impacto?", "De quais novas ideias precisamos para avançar?".

Se você se encontra em uma cultura do passado, opte por expandir suas ideias por meio do aprendizado ou aumentar sua ação por meio de novas atividades. Ao aumentar um ou outro, você muda sua cultura de maneira significativa.

LÍDERES DO FUTURO

Para líderes que aspiram a diversidade organizacional, resistir ao racismo e à supremacia branca, e criar as culturas libertadoras do futuro, há 10 características para priorizar:

1. Os líderes do futuro fazem a paz, não mantêm a paz

A manutenção da paz é reativa. É autopreservatória, silenciosa diante da injustiça e se afasta de relacionamentos e conversas desafiadoras. A manutenção da paz protege o status quo.

O fazer a paz, por outro lado, é proativo. Antecipa desafios e ajusta rumos em prol do bem comum. É caracterizado pela humildade e pela verdade. Ele rompe o status quo em prol da libertação e constrói pontes com os outros de forma ativa, mesmo quando o resultado é desconhecido.

2. Os líderes do futuro assumem responsabilidade

É preciso confiança e humildade para dizer a alguém que trabalha para você: "Se eu causar dano de alguma forma, me avise". Além disso, é preciso um enorme autocontrole para receber feedback quando alguém lhe diz: "Ei, você fez isso, e veja como foi prejudicial para mim".

Os líderes do futuro assumem responsabilidade. Eles se abrem para o feedback das pessoas que lideram. A vulnerabilidade pode ser excruciante. Haverá momentos em que o feedback nem será preciso, e mesmo assim tomar responsabilidade cria um ambiente onde a mudança é possível. Também cria um ambiente onde vozes historicamente silenciadas podem ser ouvidas e validadas.

3. Os líderes do futuro pensam de forma coletiva e individual

Enquanto o indivíduo é muitas vezes elevado como a unidade mais significativa da sociedade ocidental, os líderes do futuro sabem que um indivíduo só estará saudável e bem se o coletivo estiver saudável e bem. O "coletivo" inclui você, aqueles que se parecem com você e aqueles que são diferentes de você.

Os líderes do futuro pensam além das conquistas e do crescimento individual. Eles estão sempre se perguntando: "Quem somos nós e como estamos?" e "O que precisa mudar para o coletivo prosperar?".

4. Os líderes do futuro são implacavelmente autoconscientes

Os líderes do futuro estão comprometidos com o autoconhecimento. Eles conhecem seus pontos fortes e fracos. Eles conhecem seus

184 A LACUNA DA DIVERSIDADE

problemas e seus avanços. Para ser um líder do futuro, é necessário estar em uma jornada de aprendizado do seu eu autêntico. Que histórias de origem informam quem você é, quem você valoriza e quais histórias são importantes para você? Por que você está interessado em diversificar sua equipe ou praticar a libertação? O que te leva a desistir de enfrentar o racismo? O que te motiva a continuar?

Os melhores líderes têm respostas para essas perguntas e estão investidos em respondê-las ao longo da vida.

5. Os líderes do futuro dizem a verdade

Sojourner Truth disse uma vez: "A verdade é poderosa e prevalece".[1] Os líderes do futuro dizem a verdade. Eles se comunicam com sinceridade. Iniciam conversas difíceis, mas esclarecedoras. Eles assumem os danos que causaram e contam a verdade sobre os danos que sofreram.

Os líderes do futuro criam ambientes onde a verdade pode ser dita com responsabilidade, mas sem punição ou retaliação.

6. Os líderes do futuro filtram tudo pelas lentes da libertação

Os líderes do futuro filtram todas as realidades organizacionais por meio da estrutura de libertação. Praticar libertação vai além da representatividade da equipe. Abrange decisões legais, processos financeiros, esquemas de contratação, pacotes de remuneração e liderança administrativa. Como líder do futuro, você pode não conseguir mudar todos os aspectos de sua organização, mas pode se perguntar: "Que papel, se houver, o racismo ou a supremacia branca estão desempenhando neste aspecto do nosso trabalho?", "O que queremos fazer a respeito?" e "O que seria necessário para praticar a libertação nesta área?".

NOVOS LÍDERES, NOVOS FUTUROS 185

Fazer novas perguntas levará a novas respostas; novas respostas levam à transformação e à libertação.

7. Os líderes do futuro elucidam a linguagem

O que você quer dizer quando fala em "diversidade"? O que significa buscar "inclusão", "equidade", "libertação" ou "justiça"? As palavras importam. Os líderes do futuro são intencionais sobre a linguagem que usam para moldar a cultura das organizações que lideram. Há uma curva de aprendizado aqui; é necessário conhecer suas opções para identificar as palavras certas para sua equipe ou comunidade.

Os líderes do futuro trabalham para conhecer suas opções e seguir em frente com convicção.

8. Os líderes do futuro se descentralizam para priorizar o ponto de vista alheio

Um dos aspectos mais desafiadores da liderança é ser mal compreendido. As pessoas não compreendem seus motivos, suas histórias, sua personalidade e seu trabalho.

Os líderes do futuro não estão imunes aos impactos negativos de serem mal compreendidos. Mas praticam a descentralização por tempo suficiente para priorizar as necessidades e experiências alheias.

9. Os líderes do futuro abraçam conversas complicadas

Muitas vezes queremos que nossas conversas sobre raça, identidade e opressão sistêmica sejam fáceis. Diretas. Simples. Claras. Rápidas. Não é assim que funciona. As conversas sobre esses tópicos são confusas, cíclicas, altamente pessoais e se desdobram de forma imperfeita ao longo do tempo.

186 A LACUNA DA DIVERSIDADE

Os líderes do futuro abraçam a confusão desse trabalho. Eles mantêm espaço para sua própria imperfeição e a imperfeição dos outros no processo.

10. Os líderes do futuro correm riscos para criar as culturas que dizem querer

O trabalho mais importante de nossas vidas exige tudo, mas não garante nada. Considere a parentalidade. Pais e mães investem incontáveis horas de energia e muito dinheiro no cultivo da criança. No entanto, há pouco controle sobre quem ela decidirá se tornar. A diversidade e o trabalho de libertação são parecidos. Você dedica tempo, energia, recursos e esforços que espera que façam a diferença. Mas não dá para saber com certeza.

Os líderes do futuro assumem riscos ousados para ver suas boas intenções se tornarem um bom impacto para todas as pessoas.

VOCÊ TEM O QUE É PRECISO

Você está criando as culturas organizacionais do futuro. Com suas ações ou omissões, você decide qual será o futuro do seu local de trabalho. Você decide se sua organização fará a manutenção do racismo e da supremacia branca ou os desmantelará. Você está criando uma cultura, e ela moldará as gerações que virão.

Esta é uma enorme responsabilidade. Não ignoro o quão desorientador pode ser questionar suas histórias de origem, centrar novas perspectivas e se comprometer a fazer mudanças reais em sua organização. Apesar da dificuldade, você tem o que é preciso para se tornar um novo tipo de líder. Com autenticidade, consistência e coragem, você tem os recursos necessários para traçar um novo rumo para os locais de trabalho e as organizações do futuro.

• • • ● • • •

Você tem o que é preciso para se tornar um novo tipo de líder.

• • • ● • • •

A JORNADA CONTINUA

Fechar as lacunas de diversidade em nossas vidas, liderança e locais de trabalho é uma jornada contínua. Como em qualquer outra, há altos e baixos, reviravoltas, esperanças e decepções. Assim como a vida em si, não há uma linha de chegada. Você apenas se compromete. Continua. À medida que você trabalhou com as ideias, estruturas e histórias nestas páginas, espero que tenha encontrado a direção necessária para dar o próximo melhor passo. Nossa cultura precisa desesperadamente de pessoas que liderem com integridade e coragem. Que você seja um desses líderes.

E que suas melhores intenções para a diversidade levem a uma verdadeira mudança cultural.

AGRADECIMENTOS

Me disseram que é muito desafiador escrever um livro. É verdade! Não foi fácil, e tenho muitas pessoas a agradecer pelo apoio ao longo do processo. Agradeço a:

Alex: por honrar o tempo e espaço criativo de que eu precisava para trazer este livro, e muitos outros projetos, à vida. Eu te amo.

Minha família: por sempre acreditar em mim e nos meus sonhos mais loucos. Por causa de vocês, sei que tudo é possível.

Courtnee Wilson, Jhana Crabtree, Keonnie Igwe, Jazzy Johnson, Pamela Barba, Ines McBryde, Caroline Lancaster e Kaitlin Ho Givens: por segurar espaço para mim, em toda a minha Negritude e mulheridade, enquanto eu fazia a jornada rumo a uma maior libertação.

Kayla Stagnaro e Jeff Shinabarger: por torcerem por mim em cada fase e por acreditarem neste livro quando ele era apenas um documento de uma só página no Google Docs.

Brooke Powers: por manter o podcast *The Diversity Gap* em funcionamento e usar suas habilidades operacionais incríveis para manter minha sanidade.

Lydia Mays, Deshawn Adams, Ale Trevino, J'Tanya Idiodi e Tiffany Johnson: por ler os primeiros, e muito bagunçados, rascunhos do meu livro. Seu tempo, atenção e curiosidade o tornaram melhor.

Chris Ferebee: por ser meu agente e estar comigo em cada passo dessa jornada de publicação. Sua presença tem sido um enorme presente.

190 A LACUNA DA DIVERSIDADE

Tim Burgard e o time da HarperCollins: por ver a mensagem que eu queria compartilhar com o mundo, acreditar nela e apostar em uma autora iniciante.

À Plywood Women's Layers: por me segurar durante todas as reviravoltas de levar uma vida profissional autêntica.

À Plywood People: por acreditar no podcast e projeto de pesquisa *The Diversity Gap*, e por ser o tipo de comunidade em que sonhadores podem tornar suas ideias uma realidade.

E por fim, à comunidade The Diversity Gap: por compartilhar sua sabedoria no podcast, por compartilhar suas histórias em entrevistas e grupos focais e por alavancar sua influência para espalhar a mensagem do impacto positivo. Sou infinitamente grata a vocês!

Apêndice A

ESTRUTURA DE DIVERSIDADE PARA LIBERTAÇÃO

UMA AVALIAÇÃO

Para completar a avaliação, leia cada uma das quinze afirmações, uma por vez, e circule a resposta que mais ressoa em você. Depois de ter circulado uma resposta para cada afirmação, você passará pelas colunas e registrará o número de círculos em cada uma.

		Coluna A	Coluna B	Coluna C
1	Quando o assunto da diversidade surge no trabalho, minha prioridade é...	Articular como nossos esforços vão lidar de forma direta com o racismo e a supremacia branca.	Abrir espaço para pessoas falarem com sinceridade sobre as esperanças e medos delas.	Identificar um resultado específico e construir uma estratégia para alcançá-lo.
2	O(s) problema(s) que me mantém/mantêm acordado(s) à noite é/são...	A supremacia branca, o patriarcado, a hegemonia cristã, o colonialismo etc.	Pensar em como garantir que todos se sintam seguros, equipados e preparados para ter conversas difíceis.	Não saber qual intervenção trará o maior retorno de investimento.

192 A LACUNA DA DIVERSIDADE

		Coluna A	Coluna B	Coluna C
3	Minha solução--padrão para os desafios de diversidade é...	Ativismo e responsabilização da liderança para fazer a diferença.	Aprender mais sobre as histórias e origens culturais uns dos outros.	Recrutar e contratar pessoas de origens variadas para diversificar nossa equipe.
4	Para mim é difícil entender a importância de...	Me certificar de que nossos materiais de marketing refletem a diversidade.	Criar um painel para medir e acompanhar o progresso.	Falar sobre racismo e supremacia branca o tempo todo.
5	Fico frustrado com os outros quando eles se concentram em...	Falar sobre os problemas em vez de fazer algo a respeito deles.	Intervenções táticas em vez da dinâmica relacional.	Problemas sistêmicos e dinâmicas relacionais em vez de mudanças mensuráveis.
6	Os guias em quem confio para nos conduzir ao progresso são...	Ativistas e mulheres Negras.	Facilitadores, historiadores e professores.	Consultores e estrategistas de mudança organizacional.
7	Meu maior medo em seguir com este trabalho é...	A possibilidade de não conseguirmos reformar o velho; apenas construir o novo.	Quebrar a confiança um no outro e não poder mais trabalhar juntos.	Gastarmos muito dinheiro em novas soluções, mas nossa organização permanecer a mesma.
8	O sucesso é...	Alinhar a nossa atividade para servir os mais marginalizados.	Falar sobre identidade e cultura com confiança e respeito.	Melhorar a composição racial/étnica de nossa equipe em X por cento.
9	Gostaria que os membros da equipe se concentrassem em...	Abordar a supremacia branca internalizada neles.	Ouvir uns aos outros e realmente entender de onde cada pessoa vem.	Expandir suas conexões para recrutar candidatos mais diversos.
10	Me sinto preso quando desconsiderarmos...	As vozes daqueles mais impactados pelos problemas.	O impacto que as conversas sobre raça estão tendo em todos.	A importância de medir o progresso.

APÊNDICE A 193

		Coluna A	Coluna B	Coluna C
11	Celebro...	A mudança de políticas e repre-sentatividade nos mais altos níveis de liderança.	A conversa eficaz entre raças, especialmente quando há conflito.	A comunicação voltada para o público (redes sociais, websites, eventos etc.) mostrando a diversidade para a qual estamos trabalhando.
12	Nossa organização será mais forte quando...	Nos alinharmos com movimentos por mudanças radicais.	Nossos relacionamentos inter-raciais forem autênticos, seguros e cheios de respeito.	Nossa equipe refletir internamente a face da diversidade que compartilhamos externamente.
13	Quero ajudar minha equipe a...	Criar sistemas de responsabilidade.	Criar espaços para conversas difíceis.	Manter o foco na tarefa de diversificar nossa liderança e equipe.
14	Minha respon-sabilidade na condução deste trabalho é...	Manter a pressão sobre os líderes para levar ao enfrentamento de problemas sistêmicos.	Garantir que cada pessoa tenha voz.	Encontrar a consultoria externa e os coaches necessários para nos manter no caminho certo.
15	Quero que nossa equipe seja conhecida por...	Criar espaços onde todas as pessoas são verdadeiramente livres.	Uma comunidade incrível e cultura de fato inclusiva.	Representação verdadeiramente diversificada em todos os níveis de liderança e engajamento.
	Total:	_____	_____	_____

Calcule seus resultados.

Se seu maior resultado é na Coluna A, você está mais inclinado à estrutura de libertação.

Se seu maior resultado é na Coluna B, você está mais inclinado à estrutura de reconciliação.

Se seu maior resultado é na Coluna C, você está mais inclinado à estrutura de diversidade.

Agora que você sabe qual é a base, aqui estão algumas perguntas a considerar:

- O que te encoraja ao identificar sua estrutura? O que te surpreende?
- Sua estrutura se alinha à estrutura da sua equipe ou organização? Se sim, como? Se não, como você sabe?
- Qual estrutura parece a mais arriscada a buscar? Qual veículo dessa estrutura você pode utilizar no futuro próximo?

Apêndice B

QUESTÕES PARA REFLETIR E DISCUTIR

Capítulo 1: Racismo é o problema

- Qual é a sua história de origem? Quem é você e quais histórias de sua vida o ajudam a saber quem você é?
- Nesse capítulo, o racismo é definido como "um sistema de vantagem e desvantagem baseado em raça". Como esta definição difere do que lhe foi ensinado? Como esta definição é semelhante ao que lhe foi ensinado?
- Você fez planos para abordar e interromper o racismo como parte de sua estratégia de diversidade organizacional? Por que sim ou por que não?

Capítulo 2: Impacto acima de intenções

- Quando você se sente mais tentado a proteger a história de origem de sua organização? O que pode fazer para mudar isso?
- Qual história desse capítulo mais te surpreendeu ou te desafiou? Por que e o que isso significa para o(s) jeito(s) que você lidera?

196 A LACUNA DA DIVERSIDADE

- O que seria necessário para você criar ambientes onde pessoas racializadas possam fazer seu melhor trabalho sem a distração contínua e o fardo do racismo e da cultura de supremacia branca?

Capítulo 3: Motivação importa

- E se buscar o trabalho de maneira digna e equitativa exigisse que você se afastasse de sua posição atual? E se buscar esse trabalho exigisse que você avançasse para uma nova posição? Como pensar em fazer essas mudanças afeta você?
- Qual "caso de diversidade" tem sido mais proeminente no trabalho de diversidade da sua organização?
- Você vê algum padrão de diversidade prejudicial em sua organização? Qual/quais?

Capítulo 4: Escolha seu formato

- Você já experienciou uma exaustão relacionada ao trabalho de justiça racial? Por que aconteceu? Como você se recuperou?
- Qual é a sua experiência com a palavra "libertação"? Em suas próprias palavras, como a libertação difere da diversidade, equidade e inclusão?
- Qual estrutura — diversidade, reconciliação ou liberação — é mais confortável para você? Qual é menos confortável?

Capítulo 5: Abrace a mudança cultural

- Navegar na cultura dominante do país é fácil ou difícil para você? Se é fácil, de que maneira? Se é difícil, de que maneira?
- Quais sistemas de opressão você observou em seu contexto de liderança?

APÊNDICE B **197**

- Quais valores de uma cultura libertadora são mais naturais para você? Quais parecem mais assustadores?

Capítulo 6: Diversifique sua vida

- Você já esteve com um grande líder? O que fez essa pessoa se destacar para você?
- Em qual das 5 áreas de intencionalidade você vai focar primeiro?
- Nesse capítulo, discutimos a importância de integrar novas histórias em nossa compreensão de raça, diversidade e libertação. Qual é uma nova história que você encontrou recentemente que mudou seu pensamento? Por que te impactou?

Capítulo 7: Lidere com coragem

- Você já experienciou uma verdadeira comunidade e sensação de pertencimento? Se sim, o que tornou isso possível?
- Qual das 4 ameaças ao pertencimento é mais provável de minar sua prática organizacional de libertação? Por quê? Como você pode abordá-la?
- Cada um de nós carrega habilidades de liderança únicas. Cite um superpoder que você traz para este trabalho que o equipa para criar uma cultura libertadora. (Diga com confiança! Meias respostas não são permitidas!)

Capítulo 8: Novos líderes, novos futuros

- Você é um líder experiente que precisa de imersão em novas comunidades ou um líder emergente em busca de sua voz? Como você sabe, e o que isso significa para você?

198 A LACUNA DA DIVERSIDADE

- Sua cultura organizacional é uma cultura do passado, uma cultura de aprendizado, uma cultura de atividade ou uma cultura do futuro? Como você sabe?
- Você conhece algum líder do futuro? Como eles são? Como a liderança deles afetou você?

Apêndice C

EXPERIMENTOS E ESTRATÉGIAS

Criar uma organização diversa — e equipada para resistir de forma proativa ao racismo e à supremacia branca — não é uma receita de bolo. Você precisará descobrir um plano que funcione no seu contexto.

Este apêndice te ajudará a usar suas ideias e ações do livro para encontrar esse plano.

Esta é uma coleção de experimentos e estratégias reunidos por líderes, colegas e empreendedores que buscam a diversidade organizacional de várias maneiras. Eles são categorizados em tópicos que estão listados sem ordem específica:

- Recrutamento e contratação
- Criar programas de aprendizado para a equipe
- Facilitar diálogos e conversas
- Desenvolvimento pessoal
- Centralizar pessoas e perspectivas marginalizadas
- Planejamento estratégico
- Diversificar o conselho de diretores
- Ativismo e justiça

200 A LACUNA DA DIVERSIDADE

Duas ressalvas:

1. Embora muitas ideias estejam listadas, não posso dizer com certeza quais estratégias funcionariam melhor para você. Eu teria que saber mais a seu respeito, sobre sua história e contexto para criar um plano estratégico abrangente.
2. Muitas das ideias abaixo não estão totalmente desenvolvidas. São *ideias*. O trabalho de as contextualizar, projetar e executar cuidadosamente cabe a você e sua equipe.

Se estiver interessado em treinamento prático, planejamento estratégico ou facilitação, visite www.thediversitygapacademy.com.

RECRUTAMENTO E CONTRATAÇÃO

Dê vantagem à diversidade

Quando existe um cargo a preencher na equipe, é prática comum criar uma descrição da vaga e enviá-la a redes conhecidas na busca de sua próxima contratação. Isso gera um desafio em criar diversidade se suas redes têm uma homogeneidade racial, étnica e socioeconômica.

Quando tiver uma vaga aberta, faça o possível para levar a descrição da vaga a novas redes. É possível fazer isso por meio de redes sociais, divulgação intencional a novos parceiros e ao listar suas descrições de emprego em novos anúncios. Dê a essa divulgação um prazo de duas ou três semanas antes de compartilhar a vaga com sua rede habitual. Leva tempo para que os candidatos que não estão familiarizados com o seu trabalho e organização os conheçam e tenham interesse em se candidatar. Ao dar vantagem à diversidade, você está criando condições nas quais é possível aumentar a diversidade racial, étnica e cultural. Também está se preparando para encontrar novos candidatos excelentes.

Enfatize menos as credenciais e mais a experiência

Suas descrições de trabalho listam requisitos que não são realmente essenciais para realizar o trabalho? Você exige graduação ou mestrado, mesmo que o trabalho possa ser feito por uma pessoa que tem apenas conhecimentos básicos de informática e comunicação? A menos que você queira contratar um médico, professor, advogado ou uma função que exija treinamento altamente específico, seja criativo.

Pergunte-se: "Eu preciso mesmo de um graduado para este trabalho? Ou preciso de alguém que tenha vários anos de experiência no setor de serviços? Preciso de alguém com X anos neste setor ou alguém de um setor diferente poderia agregar valor à minha equipe?".

A experiência vivida é o que prepara as pessoas para trabalhar.

Pague seus estagiários

Oferecer estágios não remunerados, ainda que legais, em organizações sem fins lucrativos torna o estágio em sua empresa inacessível para pessoas com poucos recursos. No contexto dos Estados Unidos, aqueles que são mais propensos a ter menos recursos econômicos são pessoas racializadas, especificamente pessoas Negras, Indígenas e Latinas.

Em um nível sistêmico, oferecer estágios não remunerados beneficia aqueles que têm recursos financeiros suficientes para trabalhar de graça. Eles listam a sua organização no currículo, enquanto aqueles que não podem se dar ao luxo de trabalhar de graça perdem a oportunidade de desenvolvimento profissional que você criou. Ofereça estágios remunerados e veja se e como isso afeta a diversidade racial, étnica e socioeconômica do seu grupo de candidatos.

CRIANDO PROGRAMAS DE APRENDIZADO PARA A SUA EQUIPE

Comece com esperanças e medos

Quando decidir se envolver no trabalho de diversidade racial e libertação de sistemas opressores, crie uma oportunidade para os membros de sua equipe compartilharem suas esperanças e medos. Esses dados podem informar muitos aspectos do seu programa, incluindo tópicos a focar, grupos a incluir, o treinamento necessário e o melhor jeito de transformar sua organização. Dependendo de sua cultura organizacional e de como as pessoas se sentem à vontade com a exposição, você pode capturar essas informações por meio de uma pesquisa online, em uma reunião em grupo, em uma conversa individual ou por escrita anônima.

Ouça novas histórias, juntos – Parte 1

Impulsionados pelo desejo de não apenas diversificar sua empresa, mas também de criar uma cultura em que diferentes tipos de pessoas possam prosperar, os fundadores da Imagine Media Consulting criaram uma série de eventos, com 3 meses de duração, chamada "Perspectivas". Para essa série, eles convidaram (e pagaram!) um grupo diversificado (em termos de raça, etnia, orientação sexual etc.) de empreendedores para compartilhar suas histórias de vida, liderança e identidade com toda a empresa. Essa série semanal, que ocorria na hora do almoço, foi um investimento de baixo risco para essa equipe começar a ter conversas sobre diversidade e identidade.

Para que isso funcione em seu contexto, selecione de 4 a 6 datas no calendário da sua organização (pode acontecer, por exemplo, toda semana, quinzenalmente ou uma vez por mês). Organize uma lista de 4 a 6 palestrantes ou contadores de histórias. Determine

APÊNDICE C **203**

quanto você pode pagá-los. Faça convites, atribua datas e peça o almoço para a equipe.

Ouça novas histórias, juntos – Parte 2

Separe um horário consistente para as reuniões (semanal, quinzenal ou mensal) e, para cada uma, defina uma pessoa do grupo (ou peça que as pessoas se voluntariem) para contar uma história. Quem for falar na sessão contará a história de origem, dividindo casos sobre pessoas, ideias e eventos importantes. Esta é uma atividade muito pessoal e só deve acontecer onde uma confiança significativa foi estabelecida. Também deve ser inteiramente voluntária; os membros do grupo devem optar por esse tipo de experiência e comprometer-se a participar de todas as reuniões. O tamanho ideal para um grupo assim é de 4 a 6 pessoas.

Encontre outra organização que se importe com este trabalho e junte-se a ela

Você não precisa reinventar a roda quando se trata de promover eventos e criar experiências para sua equipe se engajar em tópicos de diversidade, libertação e justiça. Em muitas comunidades, existem múltiplas organizações que estão explorando esses mesmos assuntos. Se criar novos programas está fora das suas habilidades, encontre pessoas que estejam organizando eventos nas redondezas ou online. Inscreva-se, participe e organize uma refeição casual para compartilhar o que aprendeu.

Organize treinamentos ou oficinas nos quais sua equipe possa participar se quiser

Existem inúmeros treinamentos organizacionais sobre diversidade, antirracismo, preconceito implícito e mais. Alguns são incríveis; outros, não. De qualquer forma, é importante fazer esses treinamentos por vontade

204 A LACUNA DA DIVERSIDADE

própria. Quando pessoas são forçadas a frequentar treinamentos relacionados à diversidade e inclusão, pode haver ressentimento. Isso geralmente vira resistência aos esforços de diversidade e libertação em curso dentro da organização. Quando as pessoas frequentam esses treinamentos por vontade própria, o trabalho é fortalecido. Então, sim: contrate o treinador e organize a oficina. Mas não force, ou é provável que dê errado.

Outra maneira de tornar os treinamentos e oficinas acessíveis é encorajar seus membros da equipe a encontrar treinamentos que querem fazer e pagar para que os frequentem.

Organize um clube do livro, de filmes ou de podcast

As oportunidades informais, mas consistentes, de aprendizado por meio da mídia são uma ótima maneira de incentivar novos tipos de conversas relacionadas à prática da libertação. Você pode ter problemas se exigir isso (semelhante aos desafios de organizar um treinamento obrigatório), mas iniciar um clube ou comunidade de aprendizado pode ajudar muito. Não precisa ser uma atividade oficial no local de trabalho.

Se ler um livro for muito trabalhoso, considere selecionar uma série de vídeos TEDx para assistir ou reunir alguns podcasts para ouvir. Você tem opções.

FACILITANDO DIÁLOGOS E CONVERSAS

Defina regras básicas ou acordos

Conversas significativas são parte integral da prática de libertação, tanto pessoal quanto organizacional. Uma das melhores maneiras de tornar discussões difíceis construtivas é definir regras básicas, normas de grupo ou acordos no começo da conversa.

Exemplos incluem:

APÊNDICE C **205**

- Usar afirmações com "Eu", como em "Eu acho…", "Eu sinto…", "Eu observo…".
- O que é dito na sala permanece na sala.
- Reconhecer a intenção; atender ao impacto.
- Dizer "Opa" quando cometer um erro, e dizer "Ai" quando o comentário de alguém te causar dano.

É útil colocar suas normas aprovadas na sala, onde todos possam ver. Isso equipa o grupo a se automonitorar quando pessoas saírem das normas e regras.

Use uma citação ou poema para ancorar as conversas

Às vezes, as pessoas não sabem como iniciar o diálogo. Como líder ou facilitador do grupo, encontre um poema ou citação para ancorá-lo. Peça ao grupo que leia o material escolhido em voz alta e peça às pessoas que compartilhem seus pensamentos ou sentimentos a respeito. Isso tira de você a pressão de ter que trazer todo o conteúdo para a conversa. Também é revigorante ouvir uma voz ou perspectiva que não está presente na sala.

Este é um ótimo exercício se você estiver em um grupo homogêneo. Leia um poema ou citação de alguém que é diferente de vocês e deixe-o despertar um novo pensamento.

Use um temporizador

Uma prática simples é dar a cada pessoa a mesma quantidade de tempo para responder a uma afirmação ou pergunta. Algumas pessoas usarão todo o tempo; outras, não. De qualquer forma, confiança é criada quando o grupo sabe que o tempo está sendo bem administrado.

Deixe o silêncio durar

Cada momento em um diálogo não precisa ser preenchido com sons. Como você está facilitando grupos, se levar tempo para as pessoas

A LACUNA DA DIVERSIDADE

começarem a falar e compartilhar suas ideias, deixe o silêncio durar. Não se apresse em preencher cada momento vazio com mais falas. Muitas vezes, as pessoas estão pensando ou ouvindo e precisam de espaço para decidir o que compartilhar.

Divida o tempo de discussão

Quando um pedido ou pergunta for dado ao grupo, reserve 2 minutos para autorreflexão silenciosa e 5 minutos para que compartilhem uns com os outros em duplas. Isso dá às pessoas tempo para refletir pessoalmente e dividir pensamentos em um cenário de menor risco (por exemplo, em duplas) antes de abrir o espaço para o compartilhamento em grandes grupos. Dar às pessoas múltiplas e diversas maneiras de refletir e compartilhar honra os vários tipos de personalidade e estilos de comunicação das pessoas no ambiente.

Contrate um mediador

Algumas conversas são melhor tratadas por terceiros. Quando há conversas importantes mas desafiadoras para lidar e você deseja preservar os relacionamentos, trazer outra pessoa criará segurança psicológica. Também manterá você e outras partes envolvidas focadas na tarefa a fazer.

DESENVOLVIMENTO PESSOAL

Estabeleça ritmos para focar na diversidade e no trabalho de libertação

Pegue seu calendário e escolha um ritmo diário, semanal, mensal, trimestral ou anual para se concentrar em uma área específica de sua organização. Você pode usar esse tempo para refletir, aprender algo

APÊNDICE C **207**

novo ou enfrentar um desafio recorrente. Separar pequenos e consistentes blocos de tempo para se concentrar em sua prática de libertação pessoal fará a diferença em sua liderança. Atenção: pode levar de 12 a 18 meses para ver o progresso em uma área de sua organização. Defina um ritmo para se concentrar em algo durante esse período.

Medite

O trabalho de diversidade e libertação pode ser desafiador. A meditação é uma maneira de descomprimir, praticar a atenção plena e integrar a autocompaixão. Cultivar uma prática de meditação pode ajudá-lo a permanecer ancorado e equipá-lo para liderar a partir de um ponto de propósito e calma. Três recursos úteis de meditação são os aplicativos Headspace, Calm e Liberate Meditation.

Escreva um diário

A escrita de um diário ajuda você a aumentar a autoconsciência, a trabalhar em dinâmicas de relacionamento desafiadoras e a obter novas perspectivas sobre suas experiências. Aqui estão algumas perguntas para orientar sua prática:

1. Quando você se sentiu mais próximo dos outros hoje?
2. Quando você se sentiu mais distante dos outros hoje?
3. Quando você se sentiu conectado a algo maior que você hoje?
4. Quando você se sentiu desconectado de algo maior que você hoje?
5. Quando você se sentiu mais próximo de si mesmo hoje?
6. Quando você se sentiu mais distante de si mesmo hoje?

Ao responder a essas 6 perguntas de forma consistente, você descobrirá padrões. Descobrirá o que te esgota e o que o encoraja.

208 A LACUNA DA DIVERSIDADE

Verá com clareza o que lhe traz alegria e o que o enche de pavor. Este exercício, e outros semelhantes o mantêm no caminho certo para aumentar a autoconsciência e a saúde emocional.

Doe sua plataforma – Parte 1

Se o seu privilégio lhe proporcionou recursos, tempo ou oportunidade de acumular uma grande plataforma, especialmente no meio digital, forneça-a para pessoas ou comunidades marginalizadas e sub-representadas. Convide criadores de conteúdo de várias origens para "invadir" seu feed. Esta não é apenas uma prática de descentralização, também amplifica perspectivas historicamente marginalizadas.

Doe sua plataforma – Parte 2

Quando as pessoas o convidarem para falar em eventos, se os convidados deles não refletirem a diversidade racial, étnica e cultural que você afirma valorizar, diga *não* à oportunidade e faça recomendações específicas ao comitê que o convidou sobre vozes historicamente sub-representadas que poderiam ser convidadas em seu lugar.

Escolha seguir em frente a partir de sua posição

Dependendo de sua localização social, pode chegar um momento em que você não possa levar a organização aonde ela precisa ir em relação à diversidade e à libertação. Se você não conseguir remediar isso adicionando novas pessoas à equipe que lidera, talvez seja hora de seguir em frente e abrir espaço para alguém novo. Se mudar de posição permanentemente não for uma opção, considere se afastar por uma temporada prolongada. Isso criará espaço para o surgimento de novas lideranças.

CENTRALIZANDO PESSOAS E PERSPECTIVAS MARGINALIZADAS

Crie ou apoie grupos de afinidade ou grupos de recursos de funcionários

Os grupos de afinidade são espaços intencionais criados para apoiar grupos de pessoas que têm experiências minoritárias dentro de uma cultura majoritária. Eles existem para criar espaço para encorajamento, apoio e desenvolvimento profissional para pessoas que vivenciam a marginalização dentro de uma organização. Esses grupos de afinidade podem ser baseados em raça, gênero, orientação sexual, status parental e muito mais. Eles variam em programação, tamanho e forma. Também podem servir de apoio para a organização maior em seus esforços de mudança cultural, recrutando a partir de suas redes pessoais ou oferecendo soluções para desafios relacionados à diversidade. Existem muitos recursos online relacionados ao lançamento desses espaços de afinidade, também conhecidos como "grupos de recursos de funcionários".

Se sua equipe ou organização não for grande o suficiente, pesquise se existem grupos de afinidade regionais para as comunidades que você deseja centralizar e apoiar.

Separe fundos adicionais para o desenvolvimento profissional

Ao criar seu orçamento para o próximo ano, dobre os fundos de desenvolvimento profissional para pessoas racializadas em sua organização. Isso não é apenas um reconhecimento do impacto prejudicial que as culturas organizacionais racistas têm nas pessoas racializadas, mas também é um ato de cuidado e respeito. Recursos adicionais podem financiar terapia, treinamento adicional ou outras oportunidades de desenvolvimento profissional para pessoas racializadas.

Pague as pessoas racializadas se estiverem fazendo trabalho extra relacionado à diversidade no ambiente de trabalho

No mundo ideal, o trabalho relacionado à diversidade e à libertação seria distribuído de maneira uniforme entre todos os membros da equipe. No entanto, o trabalho de diversificação da organização muitas vezes recai nos ombros de quem é mais impactado: as pessoas racializadas. Não é inerentemente errado se as pessoas racializadas quiserem liderar esse trabalho. Mesmo que elas estejam escolhendo participar, é um trabalho extra, além da descrição normal da vaga. Se pagar as pessoas que lideram esse trabalho não for uma possibilidade, discuta essa dinâmica abertamente. Como seria oferecer expressões tangíveis de apreciação àqueles que conduzem você nesta jornada?

Encontre um mentor que seja diferente de você

Você pode começar a centralizar perspectivas marginalizadas em sua própria vida ao buscar orientação de pessoas que são diferentes de você. Os mentores podem avaliar sua liderança, mas não precisam passar pela dinâmica de trabalhar para você. Você pode ser honesto sobre suas curiosidades e eles podem ser honestos em seus comentários.

É necessário pagar essa pessoa para orientá-lo? Depende do que seria dignificante para a pessoa específica que você tem em mente. Se desejar um relacionamento mais estruturado e orientado a resultados, pode pensar na contratação de um coach.

PLANEJAMENTO ESTRATÉGICO

Defina um objetivo e crie métricas em torno dele

Selecione uma área para focar no próximo ano ou dois. Crie métricas em torno desse objetivo e comece.

Por exemplo: recentemente, eu estava trabalhando com uma equipe de liderança sem fins lucrativos. Eles perceberam que a comunidade de doadores dela tinha menos de 5% de representação de pessoas racializadas. A equipe decidiu concentrar os 12 meses seguintes na diversificação racial e étnica da comunidade de doadores, acreditando que isso moldaria a diversidade racial e buscas de libertação em todos os outros níveis organizacionais.

Qual poderia ser sua meta de um ano?

Contrate um diretor de diversidade

Contratar um diretor de diversidade pode ser uma experiência catártica. Ter uma pessoa designada que aparece em seu escritório todos os dias com um foco explícito no trabalho de diversidade racial e na prática de libertação de sua organização pode mudar tudo. É especialmente útil para organizações maiores com sistemas complexos e múltiplas camadas a considerar. É provável que você vá precisar de alguém para gerenciar tudo.

Se for uma equipe menor, teste essa ideia contratando um diretor ou consultor de diversidade de meio período. Essa pessoa teria um escopo de trabalho menor, e seria um cargo contratado, o que te daria flexibilidade.

Escolha suas palavras e decida o que elas significam para a sua organização

Diversidade? Equidade? Inclusão? Pertencimento? Igualdade? Justiça? Reconciliação? Multicultural? Multiétnica? Multirracial? Antirracista? Antiopressiva?

Quais são as suas palavras? Por que as escolheu?

212 A LACUNA DA DIVERSIDADE

Escolha palavras que o levem à ação. Escolha palavras que sua equipe possa apoiar. Escolha palavras que você possa definir e incorporar. Uma maneira de defini-las é perguntar às pessoas de sua equipe quais palavras ressoam nelas.

A linguagem é importante, mas você não precisa de um doutorado em teoria racial crítica e mudança organizacional para criar uma cultura libertadora. Não deixe que o perfeccionismo e o medo da linguagem atrapalhem o trabalho.

Crie um painel de diversidade

Um painel é uma planilha que define com clareza seus objetivos e seu progresso em direção a esses objetivos.

Imagine que você é o diretor executivo de uma grande organização, que tem 20 pessoas na equipe, 4 líderes executivos e quase mil participantes da comunidade. Você tem vários fluxos de conteúdo, líderes de equipe e canais de comunicação, bem como uma variedade de áreas de foco operacional. A seguir, as etapas a serem seguidas para criar o painel:

> **Primeiro passo:** Conecte-se com cada supervisor ou líder de equipe.
>
> **Segundo passo:** Identifique uma meta relacionada à diversidade para se concentrar por um ano.
>
> **Terceiro passo:** Responda às perguntas: "Como seria o sucesso em relação a esse objetivo? Como saberemos que o alcançamos?".
>
> **Quarto passo:** Anote.
>
> **Quinto passo:** Estabeleça um ritmo para fazer a avaliação, idealmente a cada mês.

Sexto passo: Em cada avaliação, comemore o progresso em direção à meta e/ou rumo correto.
Sétimo passo: Acompanhe esses dados na planilha.
Oitavo passo: Quando o objetivo for alcançado, comemore.
Nono passo: Repita o processo, começando com o primeiro passo.

No final de um ano, analise onde cada equipe progrediu e onde teve dificuldades. Use esses dados para criar futuras iterações de sua estratégia.

Crie uma força-tarefa multifuncional

Reúna um grupo de interessados em toda a organização e dê a eles o poder de liderar as práticas de diversidade racial e libertação. Essa equipe multifuncional precisa ser representativa de todos os grupos interessados envolvidos em suas operações. Para uma organização sem fins lucrativos tradicional, isso inclui membros do conselho, funcionários ou membros da equipe, doadores e clientes ou membros da comunidade. Para uma organização com fins lucrativos, você pode incluir investidores ou clientes. Ao criar uma força-tarefa multifuncional, você aumenta a probabilidade de projetar um programa de diversidade integrado às suas funções principais e com a adesão de várias partes interessadas.

Mapeie sua equipe de libertação interna

Construa uma equipe interna comprometida em priorizar seus esforços de libertação organizacional. Esta será diferente da força-tarefa multifuncional, pois estará focada na cultura interna da organização e na experiência dos funcionários. Esta equipe precisa incluir os seguintes papéis e perspectivas:

- O diplomata — uma pessoa que consegue ter vários interesses e perspectivas ao mesmo tempo.

- O crítico — uma pessoa que pode identificar dinâmicas sistêmicas prejudiciais e está disposta a explicar essas dinâmicas ao grupo.
- O guia — a pessoa que sabe para onde estão indo e como chegar lá.
- O ativista — a pessoa que está sempre procurando aqueles que não estão representados, mas deveriam estar.
- O campeão — a pessoa que desafia o grupo a continuar quando a vontade de desistir surge.
- O cronometrista — a pessoa que define o ritmo, gerencia o calendário e garante que as reuniões e eventos realmente aconteçam.

Escolher quem preenche quais papéis é um esforço coletivo e deve considerar a personalidade (como as pessoas funcionam) e os talentos (em que as pessoas são boas).

Crie um livro de cultura

Um livro de cultura é um documento físico ou digital para os funcionários. Ele informa quem vocês são como organização, as principais histórias que definem seu trabalho e os valores centrais que moldam o comportamento organizacional. Esses documentos devem ser criativos e atenciosos. A criação de um livro de cultura simplifica a visão para cada pessoa que ingressa na organização.

DIVERSIFICANDO SUA DIRETORIA

Convide membros antigos da diretoria a se aposentarem

Uma maneira de abrir espaço para novas pessoas, de diferentes tipos, em sua diretoria é convidar membros antigos a deixar o cargo. Como? Sente-se com o indivíduo, mostre a visão para o futuro da organização e o convide a dar um passo para trás e abrir espaço para novos líderes. Pode ser mais ou menos assim:

[Insira o nome aqui],

Somos muito gratos por seus muitos anos de serviço a esta organização. Você nos ajudou a realizar [isso, aquilo]. Como sabe, estamos em uma jornada para diversificar racialmente nossa organização e ser mais intencionais sobre justiça e libertação. Uma forma de fazer isso é diversificar nossa diretoria. Você consideraria apoiar essa visão saindo da diretoria? Ao fazer isso, você estará criando espaço para novas vozes e lideranças, ambas muito importantes para a sustentabilidade de longo prazo de nosso trabalho.

Precisa ser personalizado e a conversa pode exigir várias trocas. Deixar de fazer parte da diretoria não significa que essa pessoa não possa mais apoiar o trabalho da organização. Existem maneiras contínuas de servir como doadores, voluntários, conselheiros e muito mais.

Eduque e treine sua atual diretoria

Antes que uma diretoria possa liderar a organização em uma direção mais livre, educação e treinamento são necessários. Educar sua diretoria no trabalho de diversidade e libertação lhe dará uma base compartilhada sobre a qual construir. Uma maneira de fazer isso é participar de um treinamento juntos e/ou contratar um educador de justiça racial para facilitar uma experiência de aprendizado para sua equipe.

Expanda sua rede para encontrar novas pessoas

Pesquise 10 ou 20 organizações, empresas ou comunidades com as quais você pode começar a construir relacionamentos. Procure

216 A LACUNA DA DIVERSIDADE

aquelas que atendem a comunidades diferentes da sua e ainda assim têm um grau de alinhamento de missão ou de setor com vocês.

Por exemplo, se você lidera uma organização sem fins lucrativos que atende pessoas sem-teto e deseja diversificar sua diretoria, construa relacionamentos com abrigos locais, bancos de alimentos, igrejas, fundações e outros prestadores de serviços. Ao construir relacionamentos com os diretores executivos e as comunidades que apoiam essas outras organizações, você está expandindo sua rede. Quando chegar a hora de recrutar novos membros para a diretoria, você terá uma rede mais ampla de relacionamentos para se basear.

Acompanhe esses parceiros em potencial em uma planilha. Encontre-os online, determine a melhor pessoa para se conectar, procure o endereço de e-mail dela e entre em contato para começar a construir um relacionamento. Os relacionamentos levam tempo, mas estão entre os investimentos mais valiosos que podemos fazer.

ATIVISMO E JUSTIÇA

Separe doações específicas para reparações – Parte 1

Em uma entrevista com Tom Lin[1], presidente e diretor de uma organização nacional religiosa, ele compartilhou sobre como sua equipe estava trabalhando para levar a sério as reparações.

Os membros da equipe que trabalham para essa organização pelos Estados Unidos arrecadam fundos para seus salários. Devido a fatores sistêmicos, a equipe racializada (ou seja, as pessoas Negras, Indígenas e não Brancas de forma geral que trabalham para essa organização) muitas vezes têm dificuldades para arrecadar dinheiro suficiente para cobrir seus salários. Esse tem sido um desafio de longo prazo para a equipe racializada e para a organização como um todo.

APÊNDICE C **217**

Em um esforço para resolver isso, Tom e sua equipe estão explorando destinar grandes doações especificamente para ajudar a fechar essa lacuna de captação de recursos para a equipe que enfrenta barreiras sistêmicas. Esse é um ato de reparação, redirecionando os fundos gerados em parte por acesso e privilégio para as pessoas que mais precisam.

Separe doações específicas para reparações – Parte 2

Se sua organização não arrecada dinheiro, mas o ganha vendendo serviços, construir um fundo de reparação ainda é uma opção. Se você é uma pessoa privilegiada, especialmente com privilégio racial ou de gênero, então algum aspecto de sua capacidade de ganhar dinheiro está ligado às maneiras pelas quais os sistemas criam uma vantagem para você enquanto criam barreiras para os outros. Uma forma de demonstrar sua compreensão disso e seu desejo de correção é destinar parte do dinheiro que você traz e redistribuí-lo para comunidades externas que não tiveram acesso às mesmas vantagens que você. A melhor maneira de facilitar isso é por meio de parcerias com organizações que atendem comunidades historicamente marginalizadas.

Aprendi isso com a autora e líder intelectual sobre justiça racial Jenny B. Potter. Ela diz: "Não encare isso como *doações* e sim como *reparações,* mas com o reconhecimento honesto de que o que você tem monetariamente foi construído ao longo do tempo de uma forma que exclui pessoas racializadas".[2]

Conheça a história da sua indústria

Interrogue a história e as histórias de origem de sua indústria. Sua indústria rotineiramente deu vantagens para alguns enquanto criou barreiras para outros? Sua indústria já foi fechada para mulheres e

218 A LACUNA DA DIVERSIDADE

pessoas racializadas? Sua indústria está atualmente fechada para mulheres e pessoas racializadas? Esta pesquisa dará mais contexto à sua diversidade e libertação. Pode ser também um ponto de interesse para os membros da equipe.

Dê folga remunerada para deveres cívicos, como votar ou protestar

Praticar a libertação geralmente inclui compromissos cívicos, como protestar ou votar. Estes são direitos básicos concedidos àqueles que vivem nos Estados Unidos. Uma das melhores maneiras de incentivar os membros de sua equipe a se engajarem civicamente, se assim quiserem, é tornar essas oportunidades acessíveis na forma de licença remunerada.

NOTAS

Capítulo 1

1. *The Diversity Gap — A New Kind of Leader with Sandra Maria Van Opstal.* Bethaney Wilkinson, 2020, 1 vídeo (42:39). Disponível em: <https://www.youtube.com/watch?v=WDWndT2MQRw\>. Acesso em: 19 agosto 2022.
2. MENAKEN, Resmaa. *My Grandmother's Hands: Racialized Trauma and the Pathway to Mending Our Hearts and Bodies.* Las Vegas: Central Recovery Press, 2017.
3. O nome foi alterado.
4. SEEGERS, L., RAMARAJAN, L.. "Blacks leading whites". In: MORGAN ROBERTS, Laura, A. MAYO, Anthony, & D. A. (ed.). *Race Work and Leadership: New Perspectives on the Black Experience.* Boston: Harvard Business Review Press, 2019, p. 359-372.
5. MCLUNEY, C.L., RABELO, V.C.. "Managing diversity, managing blackness". In: MORGAN ROBERTS, Laura, A. MAYO, Anthony, & D. A. (ed.). *Race Work and Leadership: New Perspectives on the Black Experience.* Boston: Harvard Business Review Press, 2019, p. 373-387.
6. ANSLEY, Frances Lee. "White Supremacy (And What We Should Do About It)". In: DELGADO, Richard & STEFANCIC, Jean (ed.). *Critical White Studies: Looking Behind the Mirror.* Filadélfia: Temple University Press, 1997, p. 592.
7. OKUN, Tema, JONES, Kenneth. *Dismantling Racism: A Workbook for Social Change Groups.* Online: dRworks, 2001.

Capítulo 2

1. PAGE, Kira. *The "Problem" Woman of Colour in Nonprofit Organizations.* Coco, online, 2018. Disponível em: <https://coco-net.org/problem-woman-colour-nonprofit-organizations/>. Acesso em: 19 agosto 2022.
2. *Ibidem.*
3. *Ibidem.*

220 A LACUNA DA DIVERSIDADE

4. THOMAS, Kecia, J. ROBINSON, Aspen, PROVOLT, Laura & BROWN, B. LINDSAY. "When Black Leaders Leave". In: MORGAN ROBERTS, Laura, A. MAYO, Anthony, & D. A. (ed.). *Race Work and Leadership: New Perspectives on the Black Experience.* Boston: Harvard Business Review Press, 2019, p. 341-357.

5. HEWLIN, P. F., Broomes, A.. "Authenticity in the workplace". In: MORGAN ROBERTS, Laura, A. MAYO, Anthony, & D. A. (ed.). *Race Work and Leadership: New Perspectives on the Black Experience.* Boston: Harvard Business Review Press, 2019, p. 135-149.

Capítulo 3

1. NEWKIRK, Pamela. "Diversity". In: *The Failed Promise of a Billion-Dollar Business.* Nova York: PublicAffairs, 2019, p. 177–178.

2. *Ibidem.*

3. *Ibidem.*

4. HUNT, Vivian, YEE, Lareina, PRINCE, Sara & DIXON-FYLE, Sundiatu. *Delivering Through Diversity.* Nova York: McKinsey & Company, 2018. Disponível em: <https://www.mckinsey.com/business-functions/organization/our-insights/delivering-through-diversity#>. Acesso em: 19 agosto 2022.

5. MCCLUNEY, Courtney L., RABELO, Verónica Caridad. "Managing diversity, managing blackness". In: MORGAN ROBERTS, Laura, A. MAYO, Anthony, & D. A. (ed.). *Race Work and Leadership: New Perspectives on the Black Experience.* Boston: Harvard Business Review Press, 2019, p. 373-387.

6. The Diversity Gap — A New Kind of Leader with Xavier Ramey. Bethaney Wilkinson, 2020,1 vídeo (23 minutos). Disponível em: <https://www.youtube.com/watch?v=iM3yGPyygyY>. Acesso em: 19 agosto 2022.

7. ELY, Robin J, THOMAS, David A.. "Cultural Diversity at Work: The Effects of Diversity Perspectives on Work Group Processes and Outcomes." *Administrative Science Quarterly*, 46, no. 2, 2001, p. 229–73. DOI: 10.2307/2667087.

Capítulo 4

1. Veja o site do Creative Reaction Lab: <https://www.creativereactionlab.com>.

Capítulo 5

1. "Transforming Culture and Naming Racism in Organizations", mediado por Jen Willsea e Mattice Haynes. Atlanta, 2020.
2. LENCIONI, Patrick. *The Advantage: Why Organizational Health Trumps Everything Else in Business.* São Francisco: Jossey-Bass, 2012.
3. PURDIE GREENAWAY, V., DAVIDSON, M.N.. "Is D&I about us?". In: MORGAN ROBERTS, Laura, A. MAYO, Anthony, & D. A. (ed.). *Race Work and Leadership: New Perspectives on the Black Experience.* Boston: Harvard Business Review Press, 2019, p. 311-322.
4. WASHINGTON, E. F., MAESE, E., MCFEELY, S.. "Workplace engagement and the glass ceiling". In: MORGAN ROBERTS, Laura, A. MAYO, Anthony, & D. A. (ed.). *Race Work and Leadership: New Perspectives on the Black Experience.* Boston: Harvard Business Review Press, 2019, p. 155-134.

Capítulo 6

1. WILKINSON, Bethaney. "Breaking Up with Racial Isolation with Dr. Michael Emerson". *The Diversity Gap.* 4 de outubro de 2019.

Capítulo 7

1. SCOTT PECK, M.. *The Road Less Traveled: A New Psychology of Love, Traditional Values and Spiritual Growth.* New York: Simon & Schuster, 2003.
2. HUNT, Vivian, YEE, Lareina, PRINCE, Sara & DIXON-FYLE, Sundiatu. *Delivering Through Diversity.* Nova York: McKinsey & Company, 2018. Disponível em: <https://www.mckinsey.com/business-functions/organization/our-insights/delivering-through-diversity#>. Acesso em: 19 agosto 2022.
3. PALMER, Parker J.. *A Hidden Wholeness: The Journey Toward an Undivided Life: Welcoming the Soul and Weaving Community in a Wounded World.* São Francisco: Jossey-Bass, 2008.
4. WASHINGTON, E. F., MAESE, E., MCFEELY, S.. "Workplace engagement and the glass ceiling". In: MORGAN ROBERTS, Laura, A. MAYO, Anthony, & D. A. (ed.). *Race Work and Leadership: New Perspectives on the Black Experience.* Boston: Harvard Business Review Press, 2019, p. 155-134.
5. THE DIVERSITY GAP: Becoming a Diverse Leader with Sam Collier. Bethaney Wilkinson. [S. I.]: *The Diversity Gap.* 6 setembro 2019. Podcast. Disponível em: <https://podcasts.apple.com/us/podcast/

222 A LACUNA DA DIVERSIDADE

becoming-a-diverse-leader-w-sam-collier/id1474097384?i=1000448775994>, Acesso em: 19 agosto 2022.

6. *How to Get Serious About Diversity and Inclusion in the Workplace.* J. Stovall, TED Conferences 2018, 1 vídeo (11:04). Disponível em: <https://www.youtube. com/watch?v=kvdHqS3ryw0&t=340s>. Acesso em: 22 agosto 2022.

Capítulo 8

1. *Narrative of Sojourner Truth; a bondswoman of olden time, emancipated by the New York Legislature in the early part of the presente century; with a history of her labors and correspondence drawn from her "Book of life."* Battle Creek, MI, publicado para o autor, 1878.

Apêndice C

1. THE DIVERSITY GAP: Scaling Diversity Across a National Organization with Tom Lin. Bethaney Wilkinson. [S. I.]: *The Diversity Gap*, 18 maio 2020. Podcast. Disponível em: <https://podcasts.apple.com/us/podcast/becoming-a-diverse-leader-w-sam-collier/id1474097384?i=1000448775994>. Acesso em: 19 agosto 2022.

2. POTTER, Jenny B.. *Some Next Right Anti-Racist Things.* Disponível em: <https://www.instagram.com/p/CCdl_msJf75/>. Acesso em: 19 agosto 2022.

Este livro foi impresso pela Cruzado, em 2022,
para a HarperCollins Brasil. A fonte do miolo é
Janson MT Pro. O papel do miolo é
pólen natural $70g/m^2$, e o da capa é cartão $250g/m^2$.